社長、
辞めた社員から
内容証明が
届いています

the bible
of personnel labor
management

「条文ゼロ」でわかる
労働問題解決法

弁護士
島田直行

プレジデント社

はじめに

人はなぜ働くのだろうか。政府をあげて長時間労働の抑制が声高に叫ばれる現在、いかに労働時間を少なくするかが経営者の課題となっている。働きすぎによる弊害は広く知られたことであり、個人の犠牲の上に成り立つような労働があってはならない。

もっとも私たちは、〝まったく働くことのない暮らし〟というものを想像することができない。「仕事なんか辞めて自由に暮らしたい」と望む人はいるかもしれないが、本当に仕事のない暮らしが幸せなのかについては疑問がある。人は、絶対的な自由のなかでは幸せを感じることができない。「やるべきこと」「果たすべきこと」があるからこそ、達成感あるいは充実感というものを手にすることができる。

戦後の日本では、働くことで収入を手にするのが幸福へ至るわかりやすい道筋であった。そこでは「働く」ことが目的であって、「なぜ働くのか」について考えるだけの余裕はなかった。しかし、社会が安定し、人口が減少していくなかで、従来のような働き方を維持することがしだいに困難になっている。人々は「なぜ働くのか」について、はじめて立ち止まって考えるようになった。働くことの意味を考えてこなかったことの揺り戻しと言えるだろう。この揺り戻しこそが、増加する中小企業の労働事件の根底にある。

私は小さな町の法律事務所を経営する弁護士だ。主な仕事は、中小企業の社長の悩み事を解決すること。「企業法務」という立派なものではなく、あえて言うなら〝社長法務〟といったものだ。私がこれほど「社長」という個人を意識しているのは、中小企業では社長の判断こそすべてだからだ。いくら聡明な総務部長に説明しても社長が拒否すれば話は進まない。だから社長を対象にしたサービスを提供している。

私のところに持ち込まれる相談内容は多種多様だ。「クレーマーで社員が疲弊している」「不当解雇で訴えられた」などといった経営に付随するものもあれば、「ひとり娘が離婚することになった」などの個人的なものもあり、挙げはじめたらきりがない。そのなかでも最近とくに増えているのが社員とのトラブルだ。

この本をおもむろに手にした方もきっとなにかしらの人に関する悩みを抱えているのだろう。心配しなくていい。すべての社長は、人の問題で悩んだ経験を持っている。人の問題を自ら解決してきたからこそ、「社長」になれたと言える。悩んでいるあなたは、成長のための試練のなかにいると考えてほしい。つらいだろうが腐らないでほしい。

日本の労働法は、労働事件が発生したときに社長を守ってくれるようなものではない。だから裁判になれば、時間と費用をかけた挙句、社長が敗れてしまう結果になることが多い。労働事件を経験した社長であれば、いかに社長が弱い立場にあるかについて身をもって知っているだろう。

社長のなかには、「法廷で真実は明らかになる」と信じて疑わない方もいる。しかし、法廷のなかの真実とは、あくまで証拠によって組み立てられたものでしかない。真実がいかなるものであっても、価値ある証拠がなければ、事実はないものになってしまう。法廷では、真実が明らかになる場合もあるというのが正確なところだ。

私はこれまで、社長側の代理人として中小企業の労働事件を解決してきた。労働事件の原因の多くは、社長が労働法の仕組みを誤解している点にある。さりとて多忙な社長には、労働法を体系的に学ぶだけの時間的な余裕はない。中小企業の社長は、会社におけるあらゆることに対して目を配らなければならない。営業のこと、仕入れのこと、あるいは財務のことだけ考えておけばいいというものではない。社長の役割は、旗を掲げ四方八方からのリスクに目を光らせることにある。

こういった社長に求められるのは、あらゆる分野にわたる詳細な知識を把握しておくことではない。それは部下に任せれば足りることだ。むしろ社長に求められるのは、経営判断をする際に、「これってまずくないか。ちょっと専門家に聞いてみよう」と立ち止まる感覚だ。こういったリスクに対する感性を私は〝社長の嗅覚《きゅうかく》〟と呼んでいる。

「なんとなくまずい」と感じられれば、あとは専門家に相談して必要な予防策をとることができる。こういった事前の準備もなく取り組んでしまうから、事件が発生することになる。専門家といえども、事件がすでに発生すれば、打つことができる手立てなどおのずと限界がある。

そこで、本書は前述した〝社長の嗅覚〟を鍛えることを目的にしている。本書には細かい労働法の解釈などは一切書かれていない。その意味では〝条文ゼロの法律の本〟と言えるだろう。本書を通じて、社長には「これだけはやってはならない」というポイントをお伝えしている。社長が理解しやすいように中小企業で典型的な事例をベースに展開しているのがひとつの特徴である。

このような内容にしたのは、現場において私が重視している「解決する」ということの意味をできるだけリアルにお伝えしたかったからだ。どれほど労働法の知識を有していても、実務では問題が解決しなければ意味がない。そして人の問題は、法律論を理路整然と唱えるだけで解決するほど単純ではない。知識に加えて相手の心情への配慮も求められる。本書で紹介した事例をベースに、そういった配慮もお伝えできればと考えている。

私は、いかなる問題であっても、できるだけ話し合いで円満に解決していきたいと考えている。それは労働事件にしても同じである。社長のなかには、「あの社員は許さん」と興奮して語る人もいる。そういう人には「社長のその姿を他の社員はどのように見ているでしょうか」とやんわり尋ねることもある。社長の一挙手一投足をすべての社員が見ている。それを忘れてはいけない。

社員を大事にしない会社に未来はない。会社の飛躍のためには社員一丸となった確固たる組織が求められる。本書が社長の事業を飛躍させるための一助になれば幸いである。

なお、本書で前提としている法律などは、本書執筆当時のものである。また弁護士としての守秘義務のため、紹介している事例はいずれも会社が特定されないように、複数の事例を合わせたり、業種を変更したりするなどの配慮をしている。この点についてはあらかじめご了承いただきたい。

2018年9月吉日

島田直行

Contents

『社長、辞めた社員から内容証明が届いています』目次

第2章 労働事件の原因のほとんどは採用ミス

第3章 もめない組織・制度のつくり方

第1章

労働事件は〝百害あって一利なし〟

「こんなことされたら、中小企業の社長なんてできませんよ」

〝社員の代理人〟を名乗る弁護士から届いた内容証明を手に、嘆息をもらしながら相談にいらっしゃる社長が後を絶たない。

いわゆる経営資源とは、ヒト・モノ・カネ・情報を指すが、この中でとくに大事なのが、ヒトとカネだ。社長の仕事とは、つまるところヒトとカネをうまく管理することに尽きる。ヒトがカネを生み出し、カネがヒトを育てる。ヒトとカネは事業を発展させるための両輪のようなものだ。

ところが、ヒトに関するトラブルがこのところ増えている。不当解雇、パワハラ、あるいは残業代の未払いといった、いわゆる労働事件だ。こういった労働事件が発生すると、社長のエネルギーは一気に奪われてしまう。

労働事件には明確なゴールなどない。ゴールがないゆえに、社長は迷走し、時間と手間ばかりかけてしまい、しだいに疲弊してくる。誰に相談したらいいのかわからないまま走り続けて、うつろな目で相談に来られる社長のなんと多いことか。

「なぜ社長はここまでボロボロになってしまうのだろう。訴訟で決着すればいいのに」

駆け出しのころは不思議に思っていた。当時の私ははっきり言って、法律しか知らない、中小企業の経営をまったく理解していない役立たずの弁護士だった。そして、労働事件の訴訟で負け続ける中でその理由がぼんやりと見えてきた。それは「社長にとって、社員こそすべて」ということだ。

人間が悩むのは、そこになんらかのこだわりがあるからだ。こだわりがなければ誰も悩み苦しむことはない。中小企業の社長にとってのこだわりとは、「社員とともに事業を発展させていきたい」というものだ。「自分ひとりで事業を発展させていこう」と息巻く社長など、私は見たことがない。相談に来られる社長の多くは、むしろ社員を家族の延長線上に位置づけている。

そもそも日本の中小企業の大半は同族経営で、「家族経営」を基本にしている。だからこそ、「社員は家族のようなものだから、話せばわかるはず」と安易に考えてしまい、対応が後手に回ってしまう。期待が大きいほど〝裏切られた〟という感覚になってしまう。

そして、これは社員から見ても同じことだ。

労働事件は、社長と社員の信頼関係の表れだ。社員に社長への信頼があれば労働問題は起こらないし、起こっても早期解決できる。

本書では、そういった視点から中小企業の社長が労働問題に対してどのように向き合っていくかについて、実例ベースで解説していく。経営に空理空論はいらないし、むしろ害悪だ。

では、まず私自身の失敗事例から、労働事件に対する社長のあるべき姿勢について述べていこう。かのマキャベリも言っているではないか。

「天国へ行く最も有効な方法は、地獄へ行く道を熟知することである」と。

1 労働事件は、訴訟になったらアウト

～労働法は社長の味方ではない～

訴訟に持ち込まれたら会社は不利？

「社長の用心棒になって、社員からの不当な要求を追い払ってやる」という弁護士になりたてだったころの私の誓いは、労働裁判に負け続け、海の波間に消えていった。

たとえば、とある運送関連の会社では、いわゆる問題社員が休日に酒気帯び運転をした。日々の指導にもかかわらず、彼が一向に反省しない姿勢を社長は許せず、解雇した。「ここまで問題があれば、訴訟はなんとかいけるだろう」と考えていたら、裁判所から「ちょっと処分が重すぎますね」と言われてしまった。同席した社長は天井を見上げた。なんというか、弁護士としての予想がはずれて、なんともつらい立場に置かれてしまった。

こんな死屍累々《ししるいるい》の経験の果てに、私は「裁判に持ち込まれる前に解決する」と事務所の方針を切り替えた。では、なぜ労働事件は社長にとってこれほど不利なのだろうか。

労働法に「社長」はいない

日本には、労働契約法や労働基準法といった「労働」に関する法律が、ざっと思いつくだけでも19種類くらいある。これに政令や省令も含めれば、さらに増えてくる。弁護士といえども、そのすべてを把握しているわけではなく、必要に応じて調べながら対応しているのが現状だ。とくに労働分野は政治の影響を受けやすく、法改正も多いため、アップデートするだけでも結構大変だったりする。

このように、労働に関する規制はあまたあれども、実は「社長」という言葉は条文のどこにも出てこない。**労働基準法をはじめとした労働法規は、基本的に「社員」を守るものであって、「社長」を守るものではないのだ。**そもそも日本の法律は、大企業を想定した仕組みが多い。たとえば、会社法の大原則として「所有と経営の分離」を司法試験の受験時に学ぶ。「優秀な人物に経営を依頼することが効率的」という趣旨だ。

でも、実際には日本の中小企業の大半がオーナー企業であり、所有（株主）と経営（代表取締役）が同一であるのが普通だ。しかも優秀だろうがそうでなかろうが、オーナーの子どもが後継者になることが既定路線になっている。

このように日本の法制度と同族企業の経営の実態はまったく合致していない。労働法もしかりだ。「法律は中小企業の実態をわかっていない」と嘆いてもなにもはじまらない。

制度つくって運用でこける

労働事件の多くは、制度自体の瑕疵《かし》ではなく、運用の失敗に原因がある。たとえば、残業を抑制するために就業規則を変更して、許可制や固定残業代制を導入している会社も少なくない。社長としては、立派な就業規則ができれば満足しがちだが、それは違う。**就業規則は、作成してからの運用こそポイントになる。**残業を許可制にしても、手間がかかるので残業を黙認してしまう。これでは裁判になったときに「残業を許可していない」と反論しても意味がない。

中小企業が運用で失敗するのは、制度が会社の文化に合っていないからだ。同族企業には、その会社独自の習慣といったものがある。社長が「うちの会社は、こうやって仕事をしてきた」とよく口にする、あの感覚が企業の習慣だ。いったん定着した習慣は容易《たやす》く変えることができない。

人間は、本能的に変化を嫌悪する。**習慣が先、法律が後。これが同族企業の実態だろう。**勉強熱心な社長ほど、コンサルタントなどに依頼して自社の習慣を無視した新しい制度を導入したがる。しかし、これは体型に合わないスリムなスーツを無理に着こなすようなものだ。まずは自社の習慣をできるだけ維持する方法で制度を導入していかなければならない。その意味では、**労務管理は自社オリジナルにこだわるべきだ。**

制度の運用で失敗するもうひとつの理由は、社長が労務管理を非生産部門と認識しているからである。労務管理をしっかりしてもいきなり売上が伸びることはない。むしろ労務とは、人件費をはじめ、カネが出ていく話が多い。社長としてはあまり面白くない分野だから、興味が湧いてこない。したがって「労務のことは専務に聞いて」と社長が言う会社ほど労働事件を起こしやすい。

実際には、労務管理をきちんとすると、社員のモチベーションが上がり、売上に影響する。なにより適切な人件費の支払いを実現して経費の拡大を防止することも可能だ。人こそ事業だ。

多くの中小企業は「それで証拠は？」に答えられない

「いままで何度も指導してきたのに、これですか」

不当解雇ということで社員から訴えられた社長夫婦から何度も耳にした言葉だ。

誰だって社員には末永く、かつ気持ちよく勤務してもらいたいと考えるはずだ。一度や二度の失敗で社員を解雇するような社長なんて普通はいない。変わらない社員の態度に腹を立てつつも、なんとか我慢しながら指導を行い、社員の成長を期待するものだ。

もっとも、社長といえども人の子だ。何度言っても改善が見られないと、ちょっとしたことで感情が爆発して「もう許せん。解雇だ」となってしまう。しかし、これだと「不当解雇」として、社員から訴えられることになる。

私のところに相談に来られた社長はみな口をそろえて、これまで何度もその社員を指導してきたことを述べる。実際、指導してきたのだろう。だが、「指導したことの証拠になる書面などはありますか」と質問すると、「すべて口頭での指導で」ということになりがちだ。

これでは裁判所からの「具体的にどういう指導をしてきたのですか」という質問に答えられない。社長がいくら情熱を持って指導したことを語っても、耳を傾けてもらえない。結果として訴訟に負けてしまう。

経営とは、先を見据えた一手を打つことである。労働事件でも同じだ。仮に事件になったときのことを見越した一手を社長は打たなければならない。**カタチなきものの争いだからこそ、カタチの有無が決定打になってしまう。**

このように訴訟になると、多くの場合、社長は負ける。だから訴訟を起こされる前に問題を解決できればこれに越したことはない。そこで、社長の「個性」という観点から、もめる社長ともめない社長の違いについて考えてみよう。

2 トラブルには、〝論〟より〝情〟で対応する

～労働事件でもめない社長の特徴～

ワンマン社長も背後からの矢には弱い？

労働事件の幕開けは、社員本人あるいは社員の代理人から送られてくる内容証明だ。単なる書面であるが、社長にとっては、ことのほか重くつらい。「いったい、なにが悪かったのか」と答えの出ない自問をしつつ、不安と憤りでその日の夜を迎えることになる。

中小企業の社長といえば、ワンマンで強烈な性格の人が少なくない。尖った性格こそ、事業発展のエネルギーなのかもしれない。しかし、そういった社長も、人の問題になるとなんとも弱い。売掛金回収の失敗なら「なにくそ」となる社長が、人とのトラブルになると、途端に「先生、どうしましょう」と慌てるから不思議だ。人間、背後からの矢には弱

い。

中小企業で起こる一切の責任は、すべて社長ひとりが負うべきだ。労働事件にしても同じである。極端なことを言えば、社員が起こしたセクハラも社長が悪いということになる。それが中小企業の社長に求められる覚悟である。だからこそ、社長の姿勢が労働事件にも表れてくる。

ここでは労働事件でもめにくい社長の特徴を整理してみよう。

トラブル解決は〝論〟ではじめて〝情〟で終わらせる

かつて水産加工業の労働事件を担当したことがある。著しい成績不振を理由に、社長が社員に執拗《しつよう》に退職を勧めたとしてトラブルになった事案だ。退職を勧める場合も、やり方によっては違法になる。だから社員がわかりやすいように、退職を勧める理由を事前に用意して論理的に説明した。しかし、説明したところで社員から「難しいことを言われてもわかるわけがない」とこっぴどく叱責《しっせき》された。

弁護士の交渉といえば、とかく論理ばかりが重視される。だが、人間は感情を持った動物であり、論理だけでは動かない。交渉の目的は、相手を論破することではなく、相手に**行動させることである。そのためには、相手の情への配慮がなければならない。**

社員は社長の道具ではない。社員には、人格があり、家庭があり、将来がある。それなのに社長が一方的に「論理的にこうだから」と言えば、誰だって不満を覚えるし、怒りの感情を抱く。相手を説得することがうまい社長は、論と情のバランスが絶妙だ。

造園家であり投資家としても知られていた本多静六の言葉に、「論からはじまり情で終わる」というものがある。社員とのトラブルを回避するためには、まさに「論からはじまり情で終わる」話し方を意識しておくべきだ。

正義を正義として振りかざさない

交渉が難しい相手に対して弁護士としてどう対応するかについて聞かれることがある。**交渉が難しい相手とは、「自分が正しい」という信念を持っている人だ。**とくに「自分がすべて正しい」と思い込んでいるクレーマーは、交渉相手として手ごわい。

人間は、常に矛盾《むじゅん》をはらんだ存在だ。正しい人が悪いこともすれば、悪い人が正しいこともする。完璧に正しい人など考えられない。人には「自分にもなにかしら問題があるかもしれない」と謙抑《けんよく》的なところがあるからこそ、譲歩による交渉が成り立つ。「自分が正しくて相手が間違っている。一歩も譲れない」では問題の解決になるはずがない。

たとえば、会社のカネに手をつけた社員は誰が見ても悪い。さりとて、その社員の悪《あく》行《ぎょう》を社長が一方的に批判して追い込むことで、果たして問題が解決するだろうか。かえって恨みを買ってしまうだけの場合もあるのだ。

労働事件でもめることが少ない社長は、正義を正義としてかざすことの危険性を本能的に理解している。相手にどれだけ非があっても一条の赦《ゆる》しを与えることが問題の拡大を防止することになる。

交渉で大事なのは「相手の顔を立てる」姿勢

交渉において大事なのは、細かな技術論よりも「相手の顔を立てる」という姿勢だ。これは労働事件においても同じである。

社長は、社員に対して、とかく「雇ってあげている」という意識がどこかにある。こういった意識は態度や言葉に自然と滲《にじ》んできて、社員との交渉で反発を受ける原因になる。労働契約において、社長と社員は常に対等な関係だ。「雇ってあげているのに、その態度はなんだ」などと社長が口にすれば、すべての努力が水の泡になる。

人の扱いがうまい社長は、自分の要求を主張しながらも相手の顔をつぶさないように細心の注意を払っている。社員の問題点を指摘するときも、問題点のみならず、評価できる点も必ず指摘している。

あるサービス会社に、性格はいいのだがどうしてもミスが減らない社員がいた。取引先からのクレームも続いたので、社長は退職を勧めることにした。そのとき社長は、次のように説得していた。

「あなたには評価できる点もある。でも、この職場ではその長所をうまく活かせない。それは僕の責任でもある。別の場所であれば、きっと能力を活かせるだろう。あなたの能力を活かせる場所をいっしょに探してみよう」

その社員は納得して転職していった。労働問題を実際に発生させないためには、こういったフォローが大事だ。

3

労働事件に、勝者はいない

～訴訟の目的は勝つこと？　それとも問題の解決？～

裁判での勝ち負けにこだわったら解決は難しい

社長は、基本的に勝負にこだわる。「あの社員を許せないので、必ず裁判で勝ってくれ」といきなり切り出してくる方もいる。誰だって勝負には勝ちたいものだ。それでも私は、いつもこう伝える。

「訴訟に勝つことが目的なら、他の弁護士に相談したほうがいいですよ」

弁護士には、それぞれ仕事観といったものがある。とにかく勝訴することにこだわる弁護士もいるであろう。むしろ一般の方からすれば、法廷で威風堂々《いふうどうどう》と議論をするのが理想の弁護士のイメージかもしれない。

しかし、私のイメージはまったく違う。労働事件に対する私の基本スタンスは、「裁判に頼らない解決」だ。

中小企業の社長が弁護士に依頼する目的はなにか。それは裁判で勝つことではなく、問題をできるだけスムーズに解決することのはずだ。それならば、あえて裁判での勝ち負けにこだわる必要はない。方法はどうであれ、解決すればいいわけだ。

裁判が長引くのは百害あって一利なし

そもそも裁判とは、社会の問題を解決するためのひとつの手段でしかない。日本人は、「和をもって貴《とうと》しとなす」という聖徳太子の言葉にあるように、話し合いによる解決を重視してきた。社長のなかには、ビジネスである以上、白黒をはっきりさせることにこだわる人もいるが、賛同できない。

人間同士のコミュニケーションとは、本来的に曖昧な部分を持っている。曖昧な部分があるからこそ、相手の顔を立てることで話が円滑に進む場合も多々ある。

私の解決方法は、ときに「玉虫色の解決」と批判されることもあるが、何色であったと

しても解決したらしめたものだ。ずるずると裁判を続けて、事案が終了しないほうが社長にとってよほど悲惨だ。労働事件ではとくにそうだ。裁判になってお互いが目くじら立てて言い争って、誰が得をするのだろう。

私は、社長向けのセミナーで「**労働事件に勝者はいない**」と日頃から伝えている。そもそも裁判になれば、不利なのは社長のほうである。仮に社長が有利になったとしても、社員と法廷で争ったことによるなんとも言えない寂寥感《せきりょうかん》のみが残る。ときどき「裁判で社員をつぶしてやった」と満足げに話される社長を目にするが、そのような社長を私は間違っても自分の顧問先にはしない。はっきり言って品性がない。

「しなやかな解決」に必要なのは「手放す勇気」

老子の言葉に「戦いに勝ちては、喪礼《もれい》を以《もっ》て之《これ》に処《お》る」というものがある。「戦いに勝った者こそ喪に服するような敬意を敗者に持つべき」という意味だ。私はいつもこういう気持ちで事案に臨んでいる。私の事務所を利用する社長も、このような私のスタンスに共感する方々ばかりだ。

そもそも社長が勝ったとしても、社員を侮れば、ＳＮＳなどに会社の悪評を書かれることが現在ではありうる。それを見た求職者が、そんな悪評のある会社に果たして応募してくるだろうか。なによりも、社員を侮る社長を他の社員はどのように評価するだろうか。

だからこそ、**労働事件は裁判によらずにできるだけ歩み寄りによる話し合いでの解決にこだわるべきだ。**そのほうが速いし、コストもかからない。なにより柔軟な解決をすることができる。

私はいつも「**しなやかな解決**」を模索している。ここでいう「しなやかさ」とは、「流れるようでいて芯がある」というイメージだ。**「周囲に合わせつつも、譲れない部分を維持する」**というバランスのある解決こそ理想だろう。

こういったしなやかな解決を求めていく上では、社長に「**手放す勇気**」が求められる。**交渉とは、つまるところ「なにを手放し、なにを手に入れるか」ということに尽きる。**手放すことが先だ。Win-Winの関係になれればいいが、緊張感を持った争いになっているときに悠長なことを言っていられない。

問題解決が速い社長は、「なにを手放すか」の順番を決めるのが速い。「ひとつ手放せばひとつ近づく」。それが交渉というものだ。手放す勇気を持てない社長は、気がつけばすべてを失った社長になりかねない。

「訴訟で勝ちたいのか、問題を解決したいのか」

社長には、自問し続けていただきたいテーマだ。これによって御社の選ぶべき顧問弁護士も違ってくるはずだ。

4

見せかけではない、骨太の経営をめざす

～社員の感情はコントロールできない～

SNSの写真に要注意？

すべての社長は、人の問題で悩んでいる。これは経験から学んだことだ。程度の差や内容に違いはあれど、「人の問題で悩みがない」という社長に会ったことはない。中小企業の社長はどうしようもなく孤独な存在で、誰にも相談することができない。だから人の問題で悩んでいることが周囲にはなかなかわからないだけだ。

人の問題で不安を抱えていたある社長がリラクゼーションの店を展開する他の社長のＳＮＳページを見て、羨ましがっていた。そのページには、夜間に開催される社内勉強会の様子や社員同士の打ち上げの様子を写した写真が彼らの満面の笑みとともに上げられてい

た。社長のコメントも「明日に向かってがんばるぜ」といったポジティブ思考全開のものだった。まさにまぶしすぎるほど立派な会社であった。

人の問題で悩んでいた社長はそのＳＮＳページを見ながら「うちの社員もこんなに前向きなら」と嘆息をもらしていた。私は思わず吹き出してしまった。

「ここ、まったくいい会社ではないから」

この会社は、地元のメディアに求人広告をずっと出していた。世の中がいくら人手不足だといっても、一店舗しかないのに人手不足がいつまでも解消しないのはおかしい。これはとにかく退職者が多いのだろう。ＳＮＳの写真をよく見てみると、社員の顔ぶれが毎回微妙に変わっていたりする。また、勉強会の様子を写した写真をよく見ると、社員の後ろに写っている時計は午後11時を指している。そんな勉強会は普通考えにくいだろう。

労働事件を扱う士業の集まりで、「**まぶしすぎる会社は怪しい**」と話したら、かなりの共感を得られた。

完璧さの裏に隠された真実を見抜け

かつて先輩の弁護士から「完璧な事件こそ疑え」と指導を受けたことがある。人間のやることだから、いくら注意しても不自然なところが残るのが普通だ。それがあまりにも完璧な証拠がそろってなにひとつ非の打ちどころがないのはかえって不可解ということだ。こういう場合には誰かが絵を描いて無理につじつまを合わせていることが多い。

前述した完璧すぎるＳＮＳの投稿などはまさにこれだ。社員の満面の笑みも、ただ社長の指示でやっているだけかもしれない。それはそれで社員にとっては負担になる。

労働分野では、「肉体労働」「頭脳労働」に続く第三の労働として、「感情労働」という概念を耳にするようになった。感情労働とは、社会学者Ａ・Ｒ・ホックシールドによって提唱されたもので、相手の精神を特別な状態に持っていくために自分の感情を誘発あるいは抑圧することを余儀なくされる労働とされる。

たとえば、コールセンターにおけるクレーム対応を想像してほしい。いくら自分の気持ちが沈んでいても、相手の不満に真摯《しんし》に向きあい、相手が納得するまでひたすら謝罪しなければならない。考えるだけでつらいだろう。

きらめくようなＳＮＳのページもまさに同じような感情労働を社員に求めている。感情労働は、ときに社員のメンタルヘルスにも影響する。笑顔をつくり出すためにメンタルヘルスを壊したとしたら、まったくもって笑えない話だ。

地味な会社こそ一体感がある

中小企業の社長が思いつきで新しい福利厚生の制度を導入したとしても、なかなか定着するものではない。社員からすれば、「社長のいつもの思いつきだろう」で終わってしまう。**一体感のある会社には、珍しい福利厚生制度を持たない地味な会社が多い。共通するのは、身の丈に合った経営をして、社員の感情を無理にコントロールするようなことをしていないことだ。**

私は、ＳＮＳを否定しているわけではない。企業のブランディングのツールとして有効なものだから活用するべきであろう。ただ、社員の見えない犠牲の上での活用になってはいけないということだ。

商品は、うまくラッピングするだけで見え方がまったく違ってくる。組織も同じでラッピングの仕方によって周囲からの見え方が違ってくる。組織を立派に見せようといかにラッピングを工夫しても、中身が腐敗していればどうしようもない。社長には、見せかけの制度に流されるのではなく、組織の本質から離れない骨太の経営をしていただきたい。

5

社員の夢に彩色を施せるか

~給料を上げるだけでは社員満足度は上がらない~

社員満足度とは、この社長の下でがんばっていけるかどうか

中小企業の社長の頭の中を整理すると、まず自分が中心にあって、外に向かって家族、社員、取引先が配置されている。つまり、「**取引先よりも社員のほうが大事**」というわけだ。

このところ、「社員満足度を上げて収益を伸ばしていこう」ということを主張する本をよく目にするようになった。人は、自分が受けた恩恵を超えて誰かに恩恵を与えることはできない。社員も社長からしてもらった以上のことを取引先にすることはしない。だから、社員の満足度を上げることは、商品あるいはサービスの品質を上げることになる。

では、社員満足度は、いかにして上げていくべきだろうか。

最初に確認すべきは「社員の満足とはなにか」ということだ。いろんな考え方があるだろうが、**突き詰めれば「社員が社長の下でがんばっていこうと感じられるかどうか」だ。**社長と社員の個人的なつながりがあってこそ、社員の満足度を確保できる。

社長のなかには、社員満足度を上げるために賃金を上げたり福利厚生を充実させたりすることばかりに気を取られている人がいる。しかし、これは明らかに間違っている。賃金は確かに大事なことだが、賃金を上げても社員のやる気は一時的にしか上がらない。むしろ賃金の多寡《たか》でしかやる気を見出せない社員になってしまう。同じように、福利厚生の充実を図ることもきりがない。

賃金アップにしても福利厚生の充実にしても、やろうと思えばすぐに着手できるものだ。慶應義塾大学の塾長であった小泉信三の言葉に「すぐ役に立つことは、すぐ役に立たなくなる」というものがある。まさにこれだ。社員満足度を上げるということは、手間と時間のかかることなのだ。

社員満足度の高い会社に共通する3つのポイント

私のこれまでの経験から、社員満足度の高い会社には共通点のようなものがある。それを整理すると以下の3つのポイントになる。

① 会社の5年後をイメージできる

社長にとって会社は夢を実現させる場所かもしれないが、社員にとっては生活の糧《かて》を稼ぐ場所である。なにより大事なのは、経営が安定して将来も確実に賃金を支払ってもらえるのかということだ。社長がいくら事業拡大の夢を語っても、目の前の賃金が上がらず評価基準もはっきりしなければ、社員はしらけてしまう。「**この社長なら大丈夫**」という安心感こそ、なにより社員が求めているものだ。

「**将来を描く」という点からすれば、経営計画は絶対に必要だ。**その場合、5年間という中期スパンの計画をきちんと作成するべきだ。時代の変化が速いので10年後のイメージはできずとも、5年後であればぼんやりながらもイメージできるはずだ。社長の魂の入った経営計画書は社員の夢に彩りを施す。経営計画を発表している会社としていない会社では、迫力がまったく違う。

「事業の継続」という点で忘れられないのが事業承継である。社長がいつまでも働けるわけではない。中小企業の事業承継は、バトンリレーのようなものだ。次にバトンを誰が受け継ぐのかをはっきりしておかなければ、社員としても将来に不安がある。これまで少なくない中小企業が事業承継に失敗して事業自体が行き詰まっている。事業承継は、社長にとって最大の事業と言っても過言ではない。

②5メートルのつながり

雰囲気の明るい会社は、職場の雑談が多い。とくに半径5メートルにいる人との雑談が日頃から頻繁《ひんぱん》に行われている。これを「5メートルのつながり」と私は勝手に呼んでいる。

人間同士の信頼は、自己開示の積み重ねによって生み出されてくる。自分のことを開示しないのに、相手だって開示することはない。人は、雑談するなかで自然と自分のことを口にして相手のことを知るようになる。

半径5メートルの円が少しずつ増えて重なっていくと、会社全体の雰囲気が変わる。いきなり会社全体の雰囲気を変えようとしても無理。まずは5メートルという小さなエリアの関係をよくすることからはじめるべきだ。

私が愛する二宮尊徳の言葉に「積小《せきしょう》為大《いだい》」というものがある。**「大きなことをなすのは、小さなことの積み重ね」**という意味だ。これは会社の雰囲気にも通じることだ。

このところ、「事務処理能力は高いけれど協調性がない社員」に関する相談を受けることが増えている。社長は、協調性の欠如を個人の性格と結論づけていることが多いが、本当にそうであろうか。問題の本質は、雑談ができるような環境づくりをしていない社長の責任かもしれない。

人は、相手の自分に対する感情をなんとなく察する。社長が「この社員はなんとなくつきあいにくいな」と感じていると、社員も同じように感じるものだ。社員が冷たい態度をとっても、とりあえず声がけを続けるだけで何か変わってくる。しだいに心を開くかもしれないし、逆に「鬱陶《うっとう》しい」と退職してしまうかもしれない。いずれにしても変化は来る。その変化を社長は受け入れるほかない。

このようなとき、社長が「社員のことは社員同士で解決してくれ」という態度では、すべての社員の信用を失うことになる。**煩わしい問題だからこそ、社長が率先して対応しなければならない。**

③ 社長に伝わるという感覚

中小企業は、社長こそがすべてだ。社長でなければ事業の方針を決定することはできない。社員の抱く不安や不満も社長しか解決することはできない。

人は、不安に対してしかるべき人に話を聞いてもらえるだけでも満足できる。中小企業にとっては、社長こそ社員が声を聞いてほしい存在だ。「社員の声はいつも聞いている」と考えている社長もいるだろうが、本当に社員の声は届いているのか自問してほしい。

そもそも中小企業の社長は、自分の意見を社員に述べることは得意だが、聞くことは不得意だ。「これが社員も求めていること」と話している内容が社員の本音とまったく違っていることなど、よくあることだ。

たとえば、退職する理由をその社員に質問しても、「やりたいことが見つかったので」などと曖昧模糊《あいまいもこ》とした回答しか得ることはできないだろう。誰が見ても取り繕《つくろ》ったような回答をされるのが一般的だ。社員が退職理由をきちんと説明できる会社は、やはりコミュニケーションがしっかりできている。

中小企業において、労働事件が起こるかどうかは、制度の問題ではない。社員が社長のことを信頼できるかに尽きる。「この社長を尊敬できる」と社員が感じれば、少々の不満があっても耐えることができる。逆に「こんな社長の下では働けない」となれば、些細《ささい》な不満も顕在化する。それが中小企業というものだ。

社長と社員の信頼関係のはじまりは、社長が社員の話を「聞く」ことからはじまる。社員との関係が良好な社長は、社員の声を聞くことを重視している。社長は、社員の声を聞く機会を定期的に確保するべきだ。社員の声を聞くというと、社員旅行や飲みに行くことなどをイメージするかもしれない。もちろんそういった機会を否定するわけではないが、誰しも勤務時間外に気軽に飲みに行けるわけではない。とりわけ育児で忙しい社員にとっては、勤務時間のほかに時間を確保することはむしろストレスになるだろう。

そこで参考にしていただきたいのが、**勤務時間内の定期的な面談**だ。最近では1on1（ワン・オン・ワン）と呼ばれることもある。社長あるいは上司が社員と定期的に面談する機会を持ってみるといい。2週間に1度、15分くらいでいい。悩んでいることや困っていること、あるいは将来の展望などなんでもいい。社員が社長に聞いてほしいことをつらつら話してもらうイメージだ。

最初はうまくいかない。「社長から急に面談なんて何事。なにか問題を起こしたか」という不安からはじまる。それでも繰り返しやり続けることだ。たとえば、私のコンサルティングでは、面談方法を確立して「フィードバックシート」というものを社員に作成してもらっている。これは面談を通じて成長を促すものだ。

１ｏｎ１は、社員の内省を深めて社長との個人的信頼を成熟させていく。**「この社長には伝わる」という実感があれば、社員が社長の背中に向けて矢を引くことはない。**

6

人を雇えば、リスクもついてくる

~リスクを最小化するために、発生時の対策を打っておく~

労働事件の防止には「カネ」の動きも見逃すな

現実はいつも生々しい。誤解を恐れずに言えば、ヒトを動かせば必ずカネが動く。ヒトを活用すればカネが入ってくるし、ヒトを雇用すればカネが出ていく。社長は、労働事件について考える際に「労働」という視点でしか眺めないために失敗する。**労働事件を防止するためには、人の背後に動くカネの動きにも注意しなければならない。**

社長にとってヒトとカネの関係といえば、まっさきに思い浮かぶのは人件費だろう。中小企業にとって人件費は最大の経費である。人件費のコントロールは、社長として避けては通れない。

労働分配率を見れば、社長の経営手腕がざっくりとわかる。ここで言う労働分配率とは、「人件費÷粗利×１００」から導かれる、ざっくりしたものだ。労働分配率が30％台だと「すごいですね」、40％台だと「いいですね」、50％を超えてくると「注意しないと」ということになる。こういった数字に根拠はなく、あくまで経験的なものだが、自分なりの目安にはなる。

労働事件によるキャッシュアウトで会社が傾くことも

もっとも、ヒトにまつわるカネは人件費だけではない。たとえば、採用に関わる費用、備品などにかかる費用、出張旅費など見えないコストがかかっている。最近では、社員から未払残業代の請求を受ける会社も増えてきた。その他にもパワハラや労災事故で会社が損害賠償金を支払うこともある。

労働事件にともなうキャッシュアウトは、社長にとってまったく予想外なのが通常だ。そのため、**潜在化していた労務リスクがいきなり顕在化すると、資金繰りに窮《きゅう》することが多々ある。**たとえば、あるサービス業の会社は、２名の社員から残業代を請求され、約8

00万円を支払う羽目になった。別の不当解雇の事案では、退職してもらうために1000万円近くの負担を余儀なくされた。

銀行もさすがに「労働事件解決のため」という理由で融資してくれることはまずない。そのため、社長としては手元資金で対応せざるを得ないため、ぎりぎりの資金繰りのなかでかなりの負担になる。資金繰りに失敗すると、事業自体が成り立たなくなる危険だってある。


ひとりでも誰かを採用すれば、なんらかのリスクを背負うことになる。社長は、リスクをとるからこそ、事業を発展させることができる。とれるリスクは積極的にとるべきだ。

弁護士に対する社長の不満で多いのは、「弁護士に新規事業について相談すると、リスクばかり指摘されて、やめておけとアドバイスされる。こちらはどうやったらできるのかを知りたいのに」というものだ。弁護士にとって、「やめたほうがいい」というアドバイスは気楽なものだ。リスクが顕在化すれば「ほらね」となるし、リスクが顕在化しなければ「それはよかったですね」で終わる。「やめたほうがいい」というアドバイスは絶対に間違ったアドバイスにならない。でも、それでは中小企業の繁栄にはつながらない。

リスクといっても、カネで解決できるリスクもあれば、解決できないリスクもある。カ

ネで解決できるリスクにしても、発生可能性が1%のものもあれば、99%のものもある。そういったリスクを細分化して冷静に判断することが、社長の相談役としての弁護士に求められるはずだ。少なくとも私の事務所では、「やってみなはれ。やらなわからしまへんで」というサントリー創業者・鳥井信治郎のスピリットで社長とおつきあいしている。

リスクをゼロにするのではなく最小化するという発想

私の事務所では、これまでの労働事件の失敗を体系化して、トラブルが発生しない仕組み作りをコンサルティングとして導入している。すでに福岡県内をはじめとして複数の企業からご依頼を受けてきた。業種は自動車学校から食品会社までさまざまだ。いかに多くの社長が「**労働トラブルのない強い組織**」を求めているのかを改めて感じている。コンサルティングでは、次の3点をポイントにしている。

①潜在的リスクの整理
②リスク発生の防止

③発生したリスクへのフォロー

私たちは、とかくリスクをゼロにすることを目標にしてしまっている。いかにすればリスクの発生可能性がゼロになるかについて心血を注いで、そこで思考停止になっている。

しかしながら、**現実の社会においてリスクがゼロになることは絶対にない。**それにもかかわらず、「リスクはゼロになる」と信じているがゆえに、ちょっとしたことでもイライラして生きづらい社会になっている。

「リスクは最小化する。同時にリスクが具現化したときの対策を打っておく」という二枚腰こそ、社長の現実的なスタンスであるべきだ。

7

人事施策づくりは、社長自ら汗をかけ

〜人財キャッシュフロー経営のススメ〜

人財キャッシュフロー経営

中小企業の経営の要諦《ようてい》は、人、設備、売掛金、買掛金及び在庫にともなうキャッシュフローをいかに握るかにある。この５つの要素についての現金の流れをコントロールできれば、自社のキャッシュは自然と増えてくる。逆に言えば、これらの管理が杜撰《ずさん》で売上ばかりを求めていくと、売上が伸びるほどにキャッシュが不足して経営が苦しくなってしまう。

社長は、単に「今キャッシュがいくらあるか」を知っているだけでは不十分だ。事業をすれば、キャッシュは会社からいったん出て、再び戻ってくる。社長は、**「キャッシュがどのように利用されて増殖していくのか」**という一連のフローを把握しておかなければならない。

そして、会社から出入りするのは、キャッシュだけではない。人材も同じだ。採用すれば会社に入る。退職すれば会社から出ていく。キャッシュと人は、同じような動きをするわけだ。そうであれば、**キャッシュと人の流れを統一的に把握すれば、中小企業の組織を考える上で効率的なのではないか。**そういった視点から私が体系化したものが、**「人財キャッシュフロー経営」**というコンサルティング手法だ。

今いる社員の10年後の年齢推移と予想人件費を見える化する

社長は、将来のキャッシュの動きについては考えているが、人の動きについてはあまり意識を向けていない。私のコンサルティングでは、今いる社員を基本にこれから10年間の年齢の推移と予想される人件費を「人財キャッシュフローシート」に書いてもらう。

シートの具体的な記入方法については、第2章で詳しく説明するが、読者の方々もぜひ一度作成してみてほしい。この1枚のシートからでも「3年後に製造の責任者が退職するけれど、引継ぎ予定者がいない」「平均年齢が50歳を超える」「現在の規定では7年後にかなりの退職金の負担が出る」など、あれこれ見えてくる。コンサルティングを受けた社長からは、「人についてはあまりにも近視眼的だった。はじめて鳥瞰図《ちょうかんず》を目にした」という評価をいただいている。

この「人財キャッシュフロー経営」というコンサルティングの目標は、ヒトとカネのフローを意識して事業を発展させる一枚岩の組織を作りあげることにある。組織が弱いと社長の足元が揺らいで飛躍することができない。とくに人材不足が著しい現在においては、**「今いる社員で強い組織を作りあげる」**ことはすべての社長の課題であろう。

経営に熱心な社長ほど、新しい人事評価システムや賃金体系の確立に挑戦し失敗する。そして、その原因を「自社の社員のレベル」や「導入した制度の複雑性」に求めがちだ。違う。**失敗の原因は、それぞれの制度がバラバラで体系立てられていないからだ。**つまり、制度間のつながりがないために落ち着きが悪いのだ。

人財キャッシュフロー経営では、各制度間のつながりを重視している。些末な問題は省略して、採用から育成、退職に至るまでの一連の社員の動きを社長自身の手で一気通貫したものに変えていく。ここでのポイントは**「社長自身の手で」**ということだ。

人こそ事業の根幹なり

人事評価などを外部のコンサルティング会社に丸投げする社長がときどきいる。たいていの場合、立派だけど使えないものができあがる。あたりまえだ。社員からすれば、サイズも価値観もわからない人が洋服を製作して、「はい、これを着用して満足して」と言われたようなものだからだ。人こそ事業だ。だからこそ、社長が脳から汗が出るくらい考えないと自社オリジナルの作品はできない。

「ジンザイ」という言葉には、いろんな漢字が当てられる。いきいきと働く「人財」、粛々と業務をこなす「人材」、ただいるだけの「人在」、トラブルを引き起こす「人罪」など。**強い組織を作るためには、社員個人の成長を促し、「人財」へとステージを上げていくことが不可欠だ。**だからこその人財キャッシュフロー経営だ。

第2章からは、人財キャッシュフロー経営の中心となるリスク対応の視点からコンサルティングの肝を解説していく。まずは多くの社長が失敗してしまう採用から見ていこう。

第2章

労働事件の原因のほとんどは採用ミス

「労働事件の原因の99・9％は採用のミス」というのが、いくつもの労働事件の修羅場を越えてきた私の率直な感想である。

世の中に人材教育やコミュニケーションに関する本はあまたあるが、根本的なことが抜けている。**それは「人はそれほど変わらない」という事実だ。**人の意識あるいは性格といったものは、小手先の技術で変わらないからこそ、あまたのノウハウが生まれては消えていく。

現在の日本の労働法制度では、いったん社員として採用するとトラブルが発生した際に社長が打てる手はほとんどない。社員自身に問題があったとしても、解雇や減給を自由にできるわけではない。だからこそ、社長は採用に徹底的にこだわりを持たなければならない。

しかしながら、中小企業の社長には、採用についての戦略がない。とくに現在は人手不足のため、「来てくれるだけでありがたい」と安易に採用してしまう。その結果、労働事件になってしまうケースが後を絶たない。とくに多いのが、中途採用の失敗だ。期待したほどの結果を出せず、むしろ「前の会社では」と不満ばかり言われてしまう。

このような中小企業の採用の失敗の原因は、次のように3つある。

①採用基準が社長のフィーリングだけ
②中途採用者への過剰な期待
③入社後のフォローの欠落

これらのポイントを押さえることで、中小企業の採用力を強化することができる。セミナーでこのような説明をすると、「理想はわかるが、この人手不足の時代に無理だ」と言われる社長もいる。社長として不満を口にしたい気持ちもわからないではない。でも、会社の社風に合わない人がいることのストレスは、人手不足のストレスよりもきつい。

これは社長だけではなく、社員にとっても同じだ。たったひとりの社員の存在で社内全体の雰囲気が重く暗くなってしまうことも珍しくない。そして、社員同士のトラブルが続くと、優秀な社員から退職していくことが世の常だ。優秀な社員ほど仕事の負担が増して、「なんで自分ばかり」ということになってしまうからだ。

この章では、最初に採用において社長が持つべき基本的なスピリットについて解説する。社長として採用にどのようにアプローチするべきかが決まらなければ、仕組み作りにもならないからだ。

次に採用する際のポイントについて解説を述べる。中小企業の採用は今でも履歴書と面接が一般的だろう。この2つを見るだけでも、対象者の「人となり」がある程度はわかる。

最後に、中小企業にありがちな中途採用のトラブルについて確認する。中途採用者のトラブルが生まれるのはなぜか。それについてどのように対応すればいいのか。これらについて話を進めていく。

この章を読んで、あなたの会社の採用力を一気に上げていただきたい。

1

人手不足をあたりまえと考える

～目の前の課題を「人を増やす」以外の方法で解決する～

人を大切にする経営とは、人に頼らない経営

社長に理解していただきたいのは、「人を大切にする経営とは、人に頼らない経営である」ということだ。

日本は、人口減少もあり、圧倒的な人手不足の状況だ。現場からは「早く人手を増やしてほしい」と言われるが、募集をかけてもいい人はなかなか来ない。このような板挟みの状況が中小企業の社長の現状だろう。「人手不足の状況は人口構造的な問題であるから解決することはない」と腹を括《くく》るしかない。むしろ人手不足の中でどのような経営をしていくかが、社長の腕の見せどころになってくる。

中小企業は、特定の人に依存する経営スタイルがいまだに多い。本来であれば「仕事に人」を割り当てるべきなのに、「人に仕事」を割り当ててしまう。こうなると、優秀な人ほど仕事を多く振られてしまうことになり、「やってられるか」ということで退職に至る。そうでなくても、長年の経理担当者がいきなり退職して業務の引継ぎに失敗するということもありうる。だからこそ、人に頼らない経営でなければならない。

人に頼らない経営をするためには、適正人員の確認からはじまる。このところ「人手不足」という言葉に踊らされて、「とにかく採用を」とあわてる社長を目にする。これは危険だ。中小企業にとって、人件費は最大の固定費である。いったんキャッシュが出ていきはじめると、とめどなく出続ける。絶対に感覚だけで採用してはならない。目の前の課題を人を増やす以外の方法で解決できないか、冷静に捉え直してほしい。

具体的な解決方法としては、外注に挑戦することと、IT化することだ。

外注で固定費を変動費に変える

九州のあるメーカーの社長から、「社員同士のトラブルが絶えない」という相談を受けたことがある。聞けば、人員に比較して明らかに受注量がオーバーして長時間労働になっている。これでは社員同士の関係もギスギスしたものになってしまう。

そこで、外注比率を上げることをアドバイスした。「そんなことをしたら、利益が減ってしまいます」と言われたが、「外注のほうがコストを明確にできるので、むしろ利益が安定しますよ」と説得して実行してもらった。

結果として売上の４割を外注にしたことで、現場の作業量が減り、しかも利益が上積みされた。さばける量が増えたので受注量も増えている。「労働相談に行って経営相談を受けられるとは想像していませんでした。助かりました」というお褒めの言葉をいただいた。

中小企業はとかく「自社で作業を」という意識が強く、外注に消極的なところがある。**外注は費用を可視化でき、利益管理が容易になるため、積極的に検討するべきだ。**「外注費用がもったいない」と考えられるかもしれないが、採用による固定費を外注による変動費に変えることができるメリットは大きい。そもそも人を新たに採用して育てるまでのコストを考えると、一概に外注が高いとも言えない。

外注のメリットはメーカーに限ったことではない。現在では、請求書の発行とか電話代行といった非生産部門の仕事の多くを外注できるようになっている。組織が拡大するほど非生産部門が肥大化し、コスト高になりかねない。「少数精鋭の組織」という観点からすれば、非生産部門の拡大をいかに防ぐかがひとつのポイントになる。

IT化を思い切って進める

人に頼らない経営を実現するためのもうひとつの施策がITの活用だ。中小企業におけるIT活用の本質は**反復性**にある。一般的な企業の業務の多くは、同じ作業の繰り返しだ。こういった部分を人の手から切り離すことに成功すれば、生産性の向上につながる。

社長であれば、「我が社もITを活用したい」という気持ちはあるだろう。それでもなかなかIT化が進まない理由は経験から言って2つある。

①現状でそれなりにうまくいっている

人間は基本的に変化を嫌う傾向がある。システムにしても、改善の必要を感じつつも現状でそれなりにうまく機能しているとあえて変えていこうとしない。気がつけば、環境の変化についていけない会社になっている。

「私はＩＴに弱いから」というのは社長の言い訳にすぎない。実際にどのように変えていくかは、誰かに任せればすむ。**社長に欠けているのは、ＩＴの知識ではなく、変化を受け入れる柔軟性である。**

② 効果がわからない

「うちのやり方は独特だからＩＴ対応できない」という話もよく耳にする。実際には単に**「なにをＩＴ化できるのかがわからない」**というだけの場合が大半だ。任せる内容がわからないから、効果もわからず、ＩＴ化が進まないだけではないだろうか。

はっきり言って、社長が現在のＩＴサービスを体系的に理解して運用していくことなどできるはずがない。自社にどのようなサービスを導入することが正しいのかと考えはじめたら、いつまでも導入できないだろう。学校の試験ではないのだから、経営に正解はない。あるのは社長の決定だけだ。**あるはずのない正解を求めるばかりに、いつまでも話が進まないというのは、衰退する会社に共通するものだ。**

とりあえず導入してみる。導入してできることを理解する。それでもだめなら戻す。そのくらいの気持ちでなければ、中小企業のＩＴ化なんて実現しないだろう。「うまくいかなかったら費用が無駄になる」と口にする社長にかぎって、導入しないことのコストを考えていない。**なにごとも成長は挑戦の先にしかない。**

2

採用の第一歩は、今いる社員の定着率を高めること

～社員が辞める本当の理由を知っていますか？～

採用のスタートは既存社員の定着率を高めること

「売上よりも利益を、商品よりも売り方を」

社長の発想はこのようにいつも逆算でなければならない。採用も同じであって、まずは**既存社員の定着率を上げることとの見直し**からはじめるべきだ。

たとえば、地元の求人誌を眺めていると、毎号のように募集をかけている企業を見かける。いくら事業が発展して人手が足りないといっても不自然だ。おそらくは、採用人数よりも退職人数が多いために、あらゆるところで募集せざるを得ないのであろう。

キャッシュにしても、人にしても、入ることばかり気にして出ていくことを疎《おろそ》かにする

と、いつまでも「不足」という状態に悩まされることになる。**社長として最初にしなければならないのは、「出ていくこと」への対応である。**「社長は採用のためにいろんなサービスを指示するけど費用ばかりかかってまったく効果がありません。その費用分を賃金に回してくれたらずいぶん暮らしが楽になるのですが」と、ある採用担当者が笑いながら話していた。半分は本音だろう。

「5年後、どういう会社にしたいか」を社員に書いてもらう

社員の定着率を上げるためには、長時間労働を抑止する、人事評価の基準を確立する、あるいは事業の目標を共有するなど、さまざまな施策がある。いずれも企業にとって必要なものであるから取り入れていくべきだ。

だが、前提として整理しておかなければならないのは、「社長からの視点と社員からの視点では職場の見え方が違う」ということだ。**つまり、社長の考える「問題」と社員の考える「問題」は必ずしも一致しない。問題点を共有しない限り、定着率を上げるための一手が打てない。**

そのための方法としては、会議で社員に「5年後、どういう会社にしたいか」を自由に書き出してもらうことが効果的だ。この会議のポイントは、各自に付箋《ふせん》を渡して書いてもらうことだ。順番に書き出してもらうことで、アイデア出しを半ば強制的にさせることになる。「とりあえず書かないと」という意識が、社員の本音を浮き彫りにする。

いくら「自由に話して」と言っても、会議に慣れていない社員が自由に話せるわけはなく、静まりかえった時間ばかりが過ぎる。これではやる気を持った社長としては、意見の出ない会議にさらにイライラを募らせることになる。アイデア出しはアナログこそベストだ。そうやって社員からあがった声を一つひとつ解決していくことが定着率を上げていくことになる。

退職者に退職する本当の理由を聞き出す

定着率を上げるための情報としては、退職理由を確認することも必要だ。最近では退職することが「この会社からの卒業」ときれいな言葉で飾られることもあるが、要は満足していないから退職することに変わりはない。

人は本音と建前のなかで生きる動物だから、退職理由を質問しても本当のことをなかなか話してくれない。「やりたいことが見つかって」「家族の介護があって」などと、誰も傷つかないような言葉で立ち去ることがむしろ一般的だろう。こうなると、「なぜ退職まで決意するに至ったのか」がわからないままになって、再び退職者が生まれてしまうことになる。

とくに医療あるいは介護の分野では、横のつながりが意外と広い。ある職場の噂が退職をきっかけに一気に広がってしまうこともある。これでは採用の応募も減ってしまう。

社長は、退職する人ほど最後のフォローをしっかりして、「なぜ退職するのか」の本音のところをつらくても確認するべきだ。人は失敗する動物であると同時に、失敗から学ぶことができる動物でもある。

3

10年後の人員構成と人件費を"見える化"する

～人財キャッシュフローシートで人の動きを把握する～

10年後の人員構成と予想人件費の推移をまとめてみる

かつてゲーテは『ファウスト』のなかで、「時間よ止まれ、お前は美しい」と書いている。そう、時間は美しい。ただし、残酷でもある。

私たちは、誰しも年齢を重ね、いつかは死んでいく。このあたりまえのことが中小企業の事業計画においてはあまり意識されていない。５年後、10年後の人材について質問すると、将来の社員数や新卒採用への挑戦といった答えしか返ってこない。大事なことを忘れている。

それは**「今いる社員が年齢を重ねる」**という現実だ。今後10年にわたる人員構成を計画しておかなければ、誰がいつ退職するかもわからず、技術の承継に失敗する。育成にはどうしても時間がかかるため、退職前の数年間を伝承の時間として確保する必要があるからだ。その他にも、ある時期に退職者が増えて退職金の負担が大きくなる可能性がある。

こういった問題は突然発生するものではない。これから10年間のざっくりした人員構成といったものは誰でも用意できる。ただ、意識が向かないからわからないだけだ。意識さえ向ければ、5年後、10年後の自社の発展のための一手を今日から打っていくことができる。

そのためにお勧めしているのが、前述した人財キャッシュフローシートだ。これから10年間の人の構成と予想される人件費の推移をまとめたものだ。70～71ページにサンプルを掲載したが、いくつかのポイントを挙げておこう。

①オーナーと後継者の年齢を書き込む

最初に記入するべきは、社長と後継者の年齢だ。その上で事業承継をする時期をとりあえず書いておくことだ。**事業承継における最大のリスクは、先代がなかなか引退しないことに他ならない。**社長業には悪魔的な魅力があって、一度味わうとやめられなくなる。やめられないから「まだ息子に継がせるには早い」と言っていると組織も老化していく。だからこそ、自分が引退する年齢をまずはっきりさせなければならない。これまでの経験からして、引退する時期を明らかにすると、後継者と社員の目が変わってくる。

②既存社員の氏名・年齢・勤続年数を書き込む

次に、既存の社員の氏名・年齢・勤続年数をまとめて記入していく。年齢を記入するのは、退職時期を確認するためである。勤続年数を記入するのは、社内における職位を検討する材料にするためである。できれば、こういった作業は後継者がやるべきだ。「この人はこんなに長い間勤務していたのか」と新しい発見がある。**社員のことを知るのは、後継者がまずとりかかるべき事柄だ。**

③およその数字をはじきだす

最後に、これから10年間の人件費と必要な売上高を算出して記入する。人件費はこれまでの推移から適当に検討していけばいい。毎年どのくらいの人件費を社員に支払いたいのかというのは、まさに社長の理念である。希望でもいいので、まずは書いてみてほしい。

	2022	2023	2024	2025	2026	2027	2028
	62	63	64	65	66	67	68
	27	28	29	30	31	32	33
	社長業引継期間			社長辞任	サポート期間		会長辞任
				退職金			
	37	38	39	40	41	42	43
	12	13	14	15	16	17	18
	専務			社長就任	会長の引退準備期間		
	62	63	64	65			
	30	31	32	33			
	嘱託	嘱託	嘱託	嘱託			
	47	48	49	50	51	52	53
	19	20	21	22	23	24	25
	営業部長	営業部長	営業部長	営業部長	営業部長	営業部長	取締役
	66	67	68	69	70		
	34	35	36	37	38		
	嘱託	嘱託	嘱託	嘱託	嘱託		
	31	32	33	34	35	36	37
	7	8	9	10	11	12	13
	総務主任	総務主任	総務主任	総務主任	総務課長	総務課長	総務課長
	51.5	52.5	53.5	54.5	52	44	45
	1,787	1,805	1,823	1,841	1,859	1,878	1,897
	14,718	15,160	15,615	16,083	16,565	17,062	17,574
	後継者 片腕選定	山口 後任者育成	後継者 研修受講	吉田 後継者育成	後藤 後任者選定	福岡 役員研修	自社株 譲渡完了

＊3 社員の退職金の支給時期・支給金額はあらかじめ記載しておく。後継者のなかには先代の設定した高額な退職金規程により苦労するケースもある。

＊4 組織の柔軟性を確保するためには社員の平均年齢も意識したほうがいい。平均年齢が若いと活力を生みだしやすい。

人財キャッシュフローシート

西暦			2018	2019	2020	2021
親族	社長	年齢	58	59	60	61
		勤続年数	23	24	25	26
		イベント				
	後継者	年齢	33	34	35	36
		勤続年数	8	9	10	11
		イベント		営業部長		
営業	山口太郎	年齢	58	59	60	61
		勤続年数	26	27	28	29
		職位など	営業部長	営業部長	営業部長	嘱託
	福岡敏文	年齢	43	44	45	46
		勤続年数	15	16	17	18
		職位など	課長	課長	課長	営業部長
製造	後藤弘文	年齢	62	63	64	65
		勤続年数	30	31	32	33
		職位など	嘱託	嘱託	嘱託	嘱託
総務	吉田瞳	年齢	27	28	29	30
		勤続年数	3	4	5	6
		職位など				
社員平均年齢			47.5	48.5	49.5	50.5
人件費（万円）			1,700	1,734	1,751	1,769
社員退職金（万円）					山口：400	
目標売上（万円）			13,077	13,469	13,873	14,289
課題			後藤 後任育成	福岡 引継開始	山口 退職金支給	吉田 研修受講

＊１オーナー社長と後継者については、ライフイベントも記載するようにする。中小企業の場合には、経営者個人の暮らしと企業経営が密接に関わるからである。

＊２将来の職位・人件費は、現時点におけるざっくりしたものでかまわない。シートの目的は、経営者が「人について考えるきっかけ」である。将来の大まかなイメージを持った上で実績を見ながら修正していくことになる。

このとき、予想される退職金も人件費の中に組み込む必要がある。人件費を決めれば、これまでの実績から逆算して、絶対に達成すべき売上目標も出てくるだろう。

こういうアドバイスをすると、「そんな適当な数字で目標を作成することに意味があるのか」と質問されることがある。将来の具体的な予想値を当てることが社長の目的であるならば、こんな適当な数字に意味はないだろう。だが、社長はアナリストではない。社長の目的は、自社の継続と繁栄であろう。それならば、適当な数字であっても大いに意味がある。

計画を作るのは、実績とのブレを知るためにある。仮に計画を達成できなければ、達成できなかった理由と対策を考えていけばいい。計画を超えたのであれば、超えた理由を考えて資源をさらに投じればいい。実績に合わせて計画を変えるのは根本的に間違っている。まずは計画を書くことだ。

シートで人の動きをつかむ

このシートを完成させて眺めてみると、社長ならいろんなことが浮かんでくるはずだ。「この職人が退職するなら、早めに次の担当者を決めなければ」「この人を8年後に工場長にするためにマネジメントの訓練をはじめないと」「この時期、結構なキャッシュが出ていくな」「この時期には採用を3名にしよう」「後継者の片腕としてこの人を充てよう」など。労働者の名簿にすぎなかったものが10年間という時間の枠を与えられることで、ダイナミックな人の動きを描き出すようになる。人の動きが一目瞭然になるため、ぜひ御社でも作成していただきたい。

4

採用情報は、戦略的に発信する

～「人手不足だから誰でもいい」はトラブルの元凶～

圧倒的に不足している中小企業の情報開示

いかなる情報にもひとつの習性がある。それは「情報は発信する人にこそ集まってくる」ということだ。

これは交渉の場面ではとくに顕著だ。戦略的にこちらから情報を提供することで、相手も心理的負担から情報を開示するようになる。**こちらから先に情報を提供するほうが相手に提供する情報を選択できるから結果的に有利になる。**

採用のときも、まずは自社の情報を出すことからはじめるべきだ。中小企業は圧倒的に情報開示が少ない。ハローワークにしても、求人情報誌にしても、どこも同じような記載しかなく、応募する側からすれば、選択のしようがない。その時点で「その他多数」に埋没してしまう。だからこそ、情報のパッケージングをうまくして、キラリと光るものにしなければならない。

問題は「どんな情報」を「どういうカタチ」で表現していくかだ。

選択の理由は誰にだってある

社長が伝えたい情報と、働きたいと考える人が知りたい情報は必ずしも一致しない。社長の事業に掲げる情熱だけを朗々と唱えられても、現在では「ブラック企業なのでは」と疑われてしまう。賃金の高さばかりを強調すれば、働くインセンティブがお金でしかない人ばかり集まってきてしまう。情報発信の鉄則は**「相手の知りたい情報を伝える」**ことだ。「相手」のいない不特定多数を対象にした情報では、相手を動かすことはできない。

では、相手に突き刺さるような情報をどうやって選んでいくか。参考にしていただきたいのは、現在勤務している社員の生の声だ。社員はなにかしら比較検討して自社を選んだ人たちだ。彼あるいは彼女が応募したということは、突き刺さる情報があったからに他ならない。この情報を利用しない手はない。

私のコンサルティングのなかでは、社員の人に**「なぜ、この会社を選んだのか」**とヒアリングしてもらっている。社長が想定していたのとはまったく違う理由が出てくるはずだ。「社長の情熱にひかれて」などというのは、残念ながら多分ないが、心折れてはならない。

こうやって聞き取ったものを整理して、情報発信していくことに意味がある。

ここで注意してほしいことが2つある。

まず、**自社の仕事の大変さもきちんと表現しておくということだ。**大半の採用ページでは、社員の満面の笑みや社長の将来に向けた展望ばかりが掲載されている。これを悪いとは言わないが、見る側としては「これ、かなり盛っているでしょ」と一歩引いて見てしまう。ブラック企業ほど、傍《はた》からは立派に見えるものだ。むしろ仕事における大変なところや越えていかなければならないところをきちんと書いておくことが、内容に信憑性《しんぴょうせい》を与えて採用のミスマッチを防止する。

次にポイントになるのが、**過去の事実をベースに具体的な表現をすることだ。**採用に関しては、とかく将来に向けての話が多くなる。「将来」という響きは美しいが、表現を変えれば実績のない夢物語でもある。応募する人にとっては、「響きはいいけど、なんとなく説得力がない」といぶかしく感じられる。彼らが求めているのは、実際にどういう待遇を受けられるのかという実績だ。

たとえば、昨今は女性の活躍が求められ、女性にとって働きやすい職場というものが目指されている。社長のなかにも、女性の採用を積極的に検討している人がいるだろう。

では、「女性にとって働きやすい職場です」と記載したところで、それを見る人はなにをイメージできるだろう。たぶん「この会社は女性を採用したいのだろう」としかイメージできない。シングルマザーであれば、「子どもが急に発熱したとき、どう対応してくれるのか」「学校行事を理由に早退できる環境なのか」「実際にシングルマザーで勤務している人がいるのか」といった情報こそ求めている。

こういった具体的な実績を記載しない限り、「この会社の強み」を理解できない。できれば、社員が自らの経験として語るような形式にすればさらに実感が湧きやすい。

いかなる企業も採用ページを持つべし

記載する内容は決まった。では、どうやって表現するべきか。

人手不足もあって、採用にともなうコストは日々上昇している印象を受ける。ひとりの採用に30万円以上かかったという話を聞くことも珍しくない。経営資源に限りのある中小企業が採用に何百万円もかけるのは現実的ではない。採用してすぐに辞められたらせっかくのコストも水の泡だ。

その意味では、今もってハローワークというのは利用しやすい制度であろう。もっとも、ハローワークでは掲載できる情報の内容と量が制限されている。いろいろ情報を発信したくてもできないのが現状だろう。

そこで、**中小企業であっても採用ページを作成することをお勧めする。**ハローワークの求人票に求人サイトのＵＲＬを記載しておくというわけだ。興味がある人はその場でスマホから求人サイトを閲覧して応募してくる。サイトをひととおり見ているので、会社のイメージもしっかりできた上での応募となる。

何度も言うが、**「誰でもいい」というスタンスでは、労働事件は増えるばかりだ。**社員のモチベーションも下がってしまう。**「自社の価値観をわかる人を採用する」**という軸をしっかり持った上で、採用における情報を提示していかなければならない。

5

欲しい人材のイメージを具体化する

～「いい人が欲しい」の「いい人」ってどんな人？～

求める人材像が抽象的なのは、採用したい人材を特定できていない証拠

求める人材像として、「素直な人」「コミュニケーション能力がある人」「協調性のある人」といった漠然とした条件ばかり挙げている会社は、労働事件が起きやすい会社だ。採用基準がなにもないまま採用しているのと同じだからだ。

誰だって素直な人が欲しいに決まっている。それができないからみんな苦労して採用のノウハウ本に手を伸ばすのだ。だが、冷静になってほしい。素直さやコミュニケーション能力といった曖昧なものをどうやって判断できるだろうか。

「素直さ」といった抽象的な基準しか思いつかないのは、どのような人を採用するべきか

の基準が具体的に定まっていないからだ。つまるところ、社長は「いい人が欲しい」と口にしつつも、「いい人」がなにかを特定できていない。「いい人」という曖昧なシルエットを追い求めるがゆえに、「なにか違う」ということになってしまう。

では、なぜ社長は「いい人」を具体的に特定できないのか。それは、社長が自分の理想とするまだ見ぬ人物を想定するからだ。事務処理能力があって、気が利いて、度胸もあって面倒見もいい。そんな優秀な人は中小企業にまず来ない。

そもそも「優秀」という言葉も意味のあるものではない。ある企業にとっては優秀な人であっても、転職したらまったく役に立たないということは珍しくない。個人の才能は、内的要因と外的要因の両方がそろってこそ花開くものだ。そもそも最初から優秀な人などいるはずがない。仕事をしながら経験を積んで「優秀な社員」になっていくのが普通だろう。

今いる優秀な社員を基準にする

では、社長が採用基準を考えるとき、なにを参考にするべきだろうか。今いる社員のな

かで社長が優秀と評価する人材を基準にすればいい。事業の規模に関係なく社長が「優秀だ」「会社の肝だ」と考える社員は必ずいる。そういった社員をよく観察してほしい。そして、なぜ優秀と評価しているのかを言葉で表現できるようにしてほしい。「この社員は優秀だ」と評価していても、具体的な理由を問われるとわからないことが少なくない。

このとき、優秀だと考える社員がどういう行動をしているかを整理しなければならない。「仕事に熱心」だというのでは基準にならない。社長をして熱心だと感じさせる行動を見つけ出さなければならない。

たとえば、新事業を自発的に学ぶことを評価しているなら「新しいことを学ぶ際にどのようなところに注意していますか」という質問を採用時にするのもいい。いずれにしても**採用基準とは、社長が具体的に評価しているものを基礎にしなければならない。**

6

たかが履歴書、されど履歴書

~履歴書だけでもこれだけわかる本人の過去~

求人広告で「履歴書不要」はやめるべき

とにかく応募者を増やすために、最近では「履歴書不要」という求人広告も目にするようになった。たしかに履歴書不要となれば、履歴書作成の手間を省けるので応募者は形式的には増えるかもしれない。でも、「就職」というイベントにおいて、履歴書の作成すら手間だと感じるような人を社長として採用したいだろうか。**履歴書の提出は中小企業にとって必要なものだと私は考えている。**

中小企業の採用プロセスは、いまもって書類選考と面接が一般的だろう。書類選考においては履歴書が中心になるが、履歴書だけでもわかることは少なくない。いくつか参考になるところを整理しておこう。

履歴書は手書きにこだわる

履歴書はできるだけ手書きで提出してもらうべきだ。ワープロで提出されると、修正も容易で、かつどれも似たような印象を受けることになる。これが手書きになるとずいぶんといろんな情報が送付されてくる。字が乱雑に書かれているもの、修正ペンで修正されているもの、枠から文字がはみ出しているものなど。

履歴書は、会社と応募者が最初に接点を持つ部分だ。とくに人は第一印象に引っ張られるところがあるから、なおさら履歴書は重要だ。正しい履歴書の書き方は、ネットで調べればいくらでもわかる。それすらできないとなると、応募をしてきた人が本気で入社したいと考えているのか怪しいところだ。

履歴書の書き方が杜撰な人は、他の社員や取引先とトラブルを起こしやすい印象がある。こういったタイプは、自分の世界というものを持っていて、「僕には僕のやり方がありますから、周囲が僕に合わせるべきでしょう」となって柔軟性が低いからだ。

「そういう人を育てあげるのが会社というものでしょう」と思う人もいるかもしれないし、否定する気はない。ただ、採用するのであれば、教える側としてそれなりの負担をともなうことは覚悟しないといけない。

職歴欄は多くのことを語りかける

履歴書の職歴欄は、その人の人生や価値観を如実に表している。この部分を適当に眺めるのは社長としてやってはいけない。

中国地方のあるメーカーの代理人として、労働組合との団体交渉に出たときのことだ。社員は「パワハラに遭った」などと根拠のないことをまくしたてるように話していた。こちらとしては、相手の主張に対抗できる効果的な反論を考えられずになんとも困った。

そのとき相手から、直前まで勤務していたというA社の話がふと出た。A社はとても理解があったということだった。その日はいったん話を終えたのだが、なんとなくA社の話に違和感があったので調べてみた。すると、A社はその社員が言うよりもずっと前に倒産していたことが発覚した。

次の団体交渉では、社員にまず「履歴書にあるA社で勤務していたことで間違いがないか」と確認した。団体交渉が有利に展開して自信を持っていた社員は、「間違いない」と言って話を続けた。話が終わったところで、私はA社が倒産していたことを示す資料を突きつけた。「履歴書に事実に反することを記載して否定もしない人の発言の信用性はいかがなものか」と切り返し、交渉の潮目を変えた。社員は青ざめたままで必死になって取り繕ったが、あとの祭りだ。双方が譲歩する形で早期に団体交渉がまとまった。

「職歴欄は必ずしも事実だけではない」という戒めとなる事案だった。

職歴欄には退社の理由は書かれていない

職歴欄を見て、あまりに短期間で転職している人には気をつけたほうがいい。「転職してスキルアップをしたい」という価値観を持っている人もいるだろうから、転職をしていること自体が問題というわけではない。ただ、入社して数カ月で退職を繰り返していたりする人は、本人にも幾ばくかの問題があると考えるのが普通だろう。仮に会社ともめて退職したとしても、履歴書には「一身上の都合により退職」としか表記されない。

ある介護事業所から相談があった。対象となる社員は、介護事業所を転々としていた。社長は「とにかく人が欲しい」ということで、退職理由の確認もしないまま採用してしまった。当初はなんら問題なく勤務していたが、3カ月の試用期間が過ぎると雰囲気がガラッと変わってきた。他の社員に威圧的な態度をとるようになり、「従う者」と「敵対する者」に分けるようになった。社員が分断され、人間関係に疲れた退職者が出てくるようになった。憤った社長は勢いでその社員を解雇した。すると、その社員は直ちに内容証明で要求を突きつけてきた。結果として、解雇を撤回して1年分の賃金相当額を支払って退職してもらうことになった。

このケースでは、解雇してからのその社員の手際があまりにスムーズだったのが気になった。まるで自分が解雇されることがわかっていたかのようである。おそらく、その社員は過去にも同じようなトラブルで争ったことがあったのだろう。このケースでも社長がもう少し履歴書の確認に慎重であれば別の選択があったはずだ。

7

面接では、〝意見〟ではなく、〝情報〟を聞き出す

～「失敗からどう回復したか」を聞いてみる～

面接で聞くべきは「これまでやってきたこと」と「失敗からの回復」

中小企業の採用では、最終的に社長面接をするのが一般的だろう。このときには事前になにを質問するかを統一しておかなければならない。採用基準がないような面接では、単に社長とのおしゃべりが上手な人ばかりが採用されてしまうことになる。

企業の採用力は、面接における質問レベルを見ればある程度わかる。ありがちなのは「将来の展望は」「この会社を選んだ理由は」といった意見を求める質問だ。意見を聞くのは耳に心地よいし、前向きな話になりがちだが、意見は意見でしかない。語るだけであれば誰にでもできるし、予想される質問であれば模範解答を事前に暗記している。

社長にとって面接で聞くべき情報は、その人がこれまでなにをしてきたのかという実績だ。百の意見よりも一の実績こそ選択の役に立つ。実績とは、華やかなものである必要などなく、むしろ地味なものこそ、人となりが出るものだ。前職のことでもいいし、学生時代のことでもいい。実際に達成したことを尋ねるべきだ。

ここで注意しなければならないのは、**実績といえどもすべて自己申告でしかない**ということだ。いくら立派な結果を導いたと説明があっても、真実がいかなるものであったかなど面接時に確認することはできない。だから質問するべきなのは、達成した結果ではなく、その過程についてだ。このとき参考になるのが、**「失敗からいかに回復したか」**ということだ。

人によってこれまで経験したことはまったく違う。それでも「失敗」というのは、すべての人に共通する経験だ。**人は挑戦をするから失敗をし、失敗を乗り越えていくから学ぶことができる。**失敗からいかに回復したかというプロセスを知ることは、その人が失敗からいかに学んでいるかを知るヒントになる。

誰しも面接時に失敗について質問されるとは想定していない。だからこそ、その人の本質が見えてくる。

精神疾患の病歴を質問できるか

企業は、社会的差別につながるような内容、思想及び身上、労働組合への加入状況などでない限り、応募者に対して広範に質問することができる。社長としても質問してみなければ会社の価値観に合うかどうか判断できない。

もっとも、ＨＩＶ感染症や肝炎などは、質問ができないとされている。これに関連して最近よく質問を受けるのが、精神疾患の病歴を質問することの是非についてである。

採用したものの、精神疾患で休職に入る人や退職する人の相談をよく耳にする。社員のメンタルヘルスを維持するのも社長の責任だ。事前に病歴を確認しておけば、社長としても仕事の量を調整するなどの配慮ができるはずだ。それでも多くの社長は、精神疾患の病歴はプライバシーに直結するものだから質問できないと考えている。「確認したい」という意識と「確認したらまずい」という意識の間で悩んでいるのが実際の姿だ。

私は、**精神疾患の病歴の有無については、その必要性を示した上で質問するようにアドバイスしている。**質問して回答を得るのは応募者の同意に基づくものであるから、個人情報保護法にも抵触しない。

そもそも精神的な負担は、外部からはなかなかわからないものだ。本人が「苦しいです」と言ってくれればまだ対応策もあるが、実際には真面目な人ほど耐えて、いつか倒れてしまうことになる。そういう事態にならないためにも、社長は精神疾患の病歴を知識として入れておくべきである。

直接聞けなければアンケートで回答してもらう

このようにアドバイスしても、「そうはいうものの、実際はなかなか聞けないよね」という社長もいる。そこでお勧めしているのが、アンケートを書面で実施する方法だ。**精神疾患による病歴があるかないかをアンケートで回答してもらう。**この回答はあくまで任意であって、「回答したくない」という選択肢も用意しておく。回答しなくてもよいとされていれば、アンケートを用意する側も回答する側も少しは気が楽であろう。

こういった書面で回答してもらうことは、回答内容を記録化しておく上でも意味がある。もちろん社員が本当のことを回答してくれるとは限らない。

かつて実際にあった事案では、入社３カ月目で精神疾患になったということで休職の申入れがあった。この社員は入社時から精神疾患の病歴があったようである。そこで社長が「なぜ事前に教えてくれなかったのか」と質問したら、「伝えたら採用してくれないと考えた」という回答だった。それが社員の本音であろう。

8

中途採用者は、トラブルの温床？

～中途採用者の賃金を期待で決めてはいけない～

なぜ、労働事件の当事者は中途採用者に多いのか？

労働事件の当事者は中途採用者に多い。中小企業の場合、即戦力を求めるため、中途採用者への依存が高く、トラブルが起きてしまいがちだ。逆に、労働事件が起きにくい会社は、中途採用者についてしっかりとした方針と対策を持っている。

中途採用についてまず注意するのは、人材と企業の規模の関係だ。社長の中には、上場企業で勤務していた人を採用できたといって浮き足立つ人がいる。「ついに我が社もここまできたか」と感慨深いのかもしれない。

だが、実際には上場企業でがんばった人が中小企業においても抜群の成果をもたらしたという話をあまり耳にしない。むしろ「前の職場では」と大企業と比較されて内部の問題点ばかり指摘されて困ってしまうという話を耳にする。

このようなことが起きるのは、企業の性質の違いからだ。**中小企業は、大企業のミニチュアではない。**

大企業では「株主」がすべてだ。中小企業では「社長」がすべてだ。会社の意思決定の仕組みが違い、文化も違うのだから、働く人の考え方もおのずと異なってくる。上場企業の人を採用するときには、そういったリスクがあることを社長として認識しておかなければならない。

上場企業の人を採用する場合に限らずとも、社長が中途採用に失敗することはよくあることだ。そんなとき、社長がよく口にするのは「期待して採用したのに、さっぱり結果を出さない。給料だけ高くて」というものだ。こういった社長の不満が出てしまう理由について、まずは考えていこう。

中途採用者が期待した成果を出せないのは、間違った期待から？

まず、期待したほどの結果が出ないことについて。この理由は社長の間違った期待が原因になる。社長としては、他社の有能な人を採用したいと考える。とくに中小企業は営業力が低いので、他社で営業実績のある人を求めがちだ。

たとえば、水産加工会社の社長が「有名な飲料会社の営業マンを採用できた」と浮足立つようなケースは珍しくない。社長としては、飲料会社での実績を聞いて、「この戦略を我が社に」という気持ちになっている。

ここで社長は根本的なことを忘れている。**そもそも実績といえども、相手の自己申告でしかない。本当に自分の力で売り切ることができたのか確証はない。**社長としては、「有名な飲料会社」の持つイメージに引っ張られただけのケースが少なくない。仮に自分の力で売れたとしても、飲料水と水産加工物では売り方も頼るべき人脈もまったく違う。つまり、社長としては、「水産加工物も売れる」という期待を根拠のない実績から妄想しているにすぎないということだ。

妄想とは不思議なもので、妄想するほどに内容が具体性を帯びていつのまにか自分のなかで確信に至る。社長が確信に至るとどうしようもない。「本当に優秀な人なら、退職を引き止められるはずですよ」とアドバイスしても、「島田、お前はまだ若いからわかっていない」となる。

中途採用者のためにつじつま合わせの賃金体系をつくらない

次に、中途採用者の賃金について。社長が引っ張ってきた中途採用者の賃金は生え抜きの社員に比較して高くなることがある。そこで、社長としては「高い賃金を払っているのに、なんだこの結果は」ということになる。

中途採用者の賃金が高くなるのは、前職における賃金を基礎に決定するからだ。社長としては「前職が月額40万円であったなら、それ以上を支払わないとまずいだろう」ということになる。そのため、社長の頭の中には、まだ実績もないのに「月額40万円以上」という数字だけが浮かぶ。

さて、社長はここでひとつの問題に出くわす。生え抜きの営業部長の賃金が月額36万円だ。さすがに実績のない中途採用者の基本給を40万円にすると、部長とのバランスが悪くなる。そこで社長としては、中途採用者の基本給を33万円にして、あとはいろんな手当を設定して総額を増やしていく。結果として、よくわからない手当ばかりの賃金体系ができあがっていく。

いろんな会社を見てきて感じることは、**給与明細に複雑な手当が設定されている会社は労働事件が起きやすい**。手当が複数ある会社は、中途採用者と既存社員の賃金のつじつま合わせのために適当に手当を設定している可能性が高い。確固たる賃金体系がなく、場当たり的な経営をしているのだ。社長の場当たり的な経営姿勢は、給与明細1枚にも表れる。

中途採用者による労働事件を回避するためには

では、このような失敗を回避するために社長は何をするべきであろうか。

①労働契約の期間の検討

まずポイントになるのは、労働契約の期間の検討だ。実際に勤務してみなければ、どれほどの結果をはじきだすかは誰にもわからない。さりとて、いきなり正社員として採用すると、結果を出せないからやめてもらうというわけにもいかない。

そこで、たとえば**最初は1年間といったような有期の労働契約からはじめるのがいい。**1年後の結果を見てから、改めて勤務してもらうのかどうかを決めるというわけだ。このようにすれば、社員としても「結果を出さないと」と緊張感を持って勤務するようになる。

また、労働契約を締結するときには、なんらかの目標を数字で取り決めておくといい。たとえば、採用時に「1年間で新規の取引先を5社開拓すること」などといった目標だ。そうでないと、社長が「期待した結果に至っていない」と指摘しても、社員から「自分なりにがんばっています。そもそも結果の達成が条件ではない」と反論されて終わりだ。

だからこそ、**目標としての数字を社長と社員が事前に取り決めておくといい。**数字を達成しているかどうかが一目瞭然だからだ。労働契約の更新を拒否するときの理由にもできる。

もちろん、がんばっても数字が達成できないときもある。そのときは社長の判断で、目標未達成でも正社員にすればいい。

だ。

② 賃金の見直し

もうひとつのポイントは賃金の見直しだ。1年間という期間の契約では応じられない社員もいるだろう。その場合であっても、賃金の見直しができるような設定にしておくべきだ。

先に見たように、中途採用者の賃金は、生え抜きの社員に比較して高くなってしまう傾向がある。実績ではなく期待に対して賃金を決めてしまうからだ。1年経って期待した結果が出ないからといって、社長がいきなり基本給を減らすことは法律的にできない。つまり、最初に取り決めた賃金が最低の基準になってしまう。これでは実績に比較して高い人件費を支払い続けなくてはならなくなる。

そこで**労働契約を締結する際には、1年後の実績を見て賃金を再度協議し直すことを確認しておくべきだ。**できれば実績に連動してどのように見直すのかまで決めておけば、ベストだ。そして、見直しの可能性があることを労働契約書にも明示しておく。いくら口頭で取り決めしても、取り決めの証拠がなければ社長の言い分は通らない。

コンサルティングのなかでは、他にも中途採用者への対応を検討していく。ここに書いたのは代表的なポイントだけであるが、参考になるはずだ。

第3章

もめない組織・制度のつくり方

中小企業の組織力は「人材の能力×結束力×人数」によって決まる。人手不足だからといってやみくもに人数だけを増やしても、個人の能力向上がともなわなければ全体としてのパフォーマンスは向上せず、コストばかり発生してしまう。

急成長している企業ほど労働問題が発生しやすいのは、組織の拡大と個人の成長のバランスがとれていないからだ。社長は「人材の能力」「結束力」「人数」のバランスを意識しながら采配を振らなければならない。

ときに「いい会社とはなにか」と質問されることがある。判断基準としてはいろいろあるだろうが、ひとつの答えとしては「社長が1カ月不在でも事業が滞りなく発展していく会社」が挙げられるであろう。

中小企業の社長の仕事は、外部環境の変化を読み取り、自社を環境に合わせて変化させることに尽きる。そのために社長は会社から出ていかなければならない。**利益の源泉は常に社外にあり、社内にあるのは経費でしかない。そして、社長が会社から出ていくためには時間が必要である。**社長が社内政治に翻弄されていては貴重な時間を確保できなくなる。だからこそ、企業の発展には自ら成長する組織が必要となってくる。

企業の発展は、リスクへの対策と成長への展望から成り立つ。中小企業の社長は、成長への展望を描くことはできるし、楽しめる。「あれもしたい」「これもしたい」と考えている時間は、誰にとっても心躍るものだ。

だが、リスクをともなわない経営判断というものはない。いくら経営がうまくいっても、リスク対策を怠ればすべての利益を失うことになる。中小企業の社長は、こういったリスク対策への意識が希薄なのが現状だ。飛躍するためには、まず足元を固める必要があることを認識しなければならない。

企業の組織論についても同じである。「どうすればコミュニケーションがうまくいくか」「目標設定をいかにするか」といった将来に向けたノウハウ本は多いが、現実のリスクへの対策をまとめた本はあまりない。

その理由は、語る人自身が労働事件を当事者として解決したことがないからだ。**私には、弁護士として社長とともに労働事件を目にして解決してきたという経験がある。**提供するコンサルティングも経験したことがすべて基礎になっている。

この章では、コンサルティングのなかで中心となってくる「リスク回避」という観点からいくつかのポイントを解説していく。

まずは、自社の現状の分析からだ。知識というものは、実際に活用しなければ智慧《ちえ》にはならない。そして活用するためには、読んで学んだことを自社のこととしてイメージする必要がある。その準備として自社の状況を確認してみよう。

次に解説するのは、就業規則だ。就業規則は、社長と社員の基本的なルールをまとめたものだ。労働事件になったときには社長にとって唯一の楯になると言ってもいい。「労基署（労働基準監督署）に出すためにとりあえず作りました」では、いざというときに役に立たない。戦略的な就業規則のあり方についてイメージを作っていこう。

1

今いる社員を〝見える化〟してみる

～人材評価の2軸は「個人のスキル」と「指導力」～

今いる社員を棚卸ししてみる

社長が強い組織を目指すなら、まず「今いる社員が最高・最適な社員だ」と決意することからはじめなければならない。「それができれば誰も苦労しないし、高いカネを出してコンサルティングを頼まない」と言われそうだ。でも、これが現実だから仕方ない。「もっといい社員」を外部に求めても、青い鳥を求めるのと同じだ。今いる社員をいかに守り成長させていくかからはじめていかなければならない。

最初にやるべきことは、人材の棚卸しだ。まずはこの瞬間にどのような社員がいるのかを整理して見えるようにする。

「社長であれば、社員のことは誰よりも理解している」というのは大いなる誤解だ。近すぎて逆に見えないということもある。社長は、社員に対してぼんやりとした印象しか持っていないものだ。ただ、「この人はこの点がいい」「この人はこれだから困る」といった、なんとなくの印象というものでも、組織を考える上では貴重な情報だ。

私は、経営における社長の印象や直感といったものを大事にしている。これらを非論理的なものとして否定する人もいるが、賛同できない。印象というものは、これまでの個人の数え切れない経験から熟成されたものだ。いわば、すべての経験から生み出された極めて合理的な一滴である。ただ、思考のプロセスが言語化できないがゆえに非論理的なもののように錯覚されているにすぎない。

弁護士の仕事も同じだ。単に法律を教えることだけであれば誰だってできる。むしろ真価は、考えたこともない問題に対して「とりあえずこうではないか」という、なんとなくの見通しをつけることができるかにある。

私のコンサルティングのスタイルは、一方的になにかを提供するのではなく、社長の頭のなかにあるイメージに形を提供することだ。人材の棚卸しについても、社長の印象を整理して見えるようにすることが狙いだ。

社長のイメージが形になるだけでも社員の見え方がガラリと違ってくる。このように「見える化」したものを、私は「人財マトリックスシート」と名づけている。

評価は「個人のスキル」と「指導力」の2つで行う

組織における人材の評価というものは、「個人のスキル（自分でなにができるか）」×「指導力（他者に教えることができるか）」の2つの要素でなされるべきものである。いくらひとりでいろいろなことができても、部下を育成できなければ組織全体としてのパフォーマンスが上がらない。中小企業においては、「教える」ということが体系化されておらず、かつ人事評価においても反映されていない。私は、ここに中小企業の根本的な問題があると考えている。

日本では、義務教育のなかで「教え方」を習う機会が圧倒的に少ない。企業に就職した後も「教え方」を体系的に学ぶ余裕がない。そのため、部下の育成はどうしても自分が教わったやり方でしか行えず、場合によってはパワハラと批判されることになってしまう。

また、部下を育成したことが評価されないため、自分の能力を高めることばかりに意識が向いてしまう。本来であれば、部下の成長の度合いこそ評価されるべきものだ。だからこそ、社長の社員に対する評価を言語化する場合には、個人のスキルと指導力の２つを基準にするとわかりやすい。

そこで、１０７ページに掲載したようなシートを用意してほしい。これを私は「人財マトリックスシート」と呼んでいる。

社長自ら汗を流してこそ、生きた人事評価となる

各社員の名前を付箋に書いて気軽にシートに貼ってほしい。**ここでのポイントは、全体的なバランスなど考えずに直感的に貼ることだ。**このシートの目的は、社長が抱く社員の印象を見えるようにすることにあるからだ。

このとき、後継者候補の人にも同様に作成してもらうといい。できあがったものは、まったく違うものになっている場合が多い。それほど人の印象や評価というものは人によって違うということだ。後継者教育とは、こういった先代と後継者の認識の違いを浮き彫りにして是正していくことがなにより効果的だ。

人財マトリックスシートの例

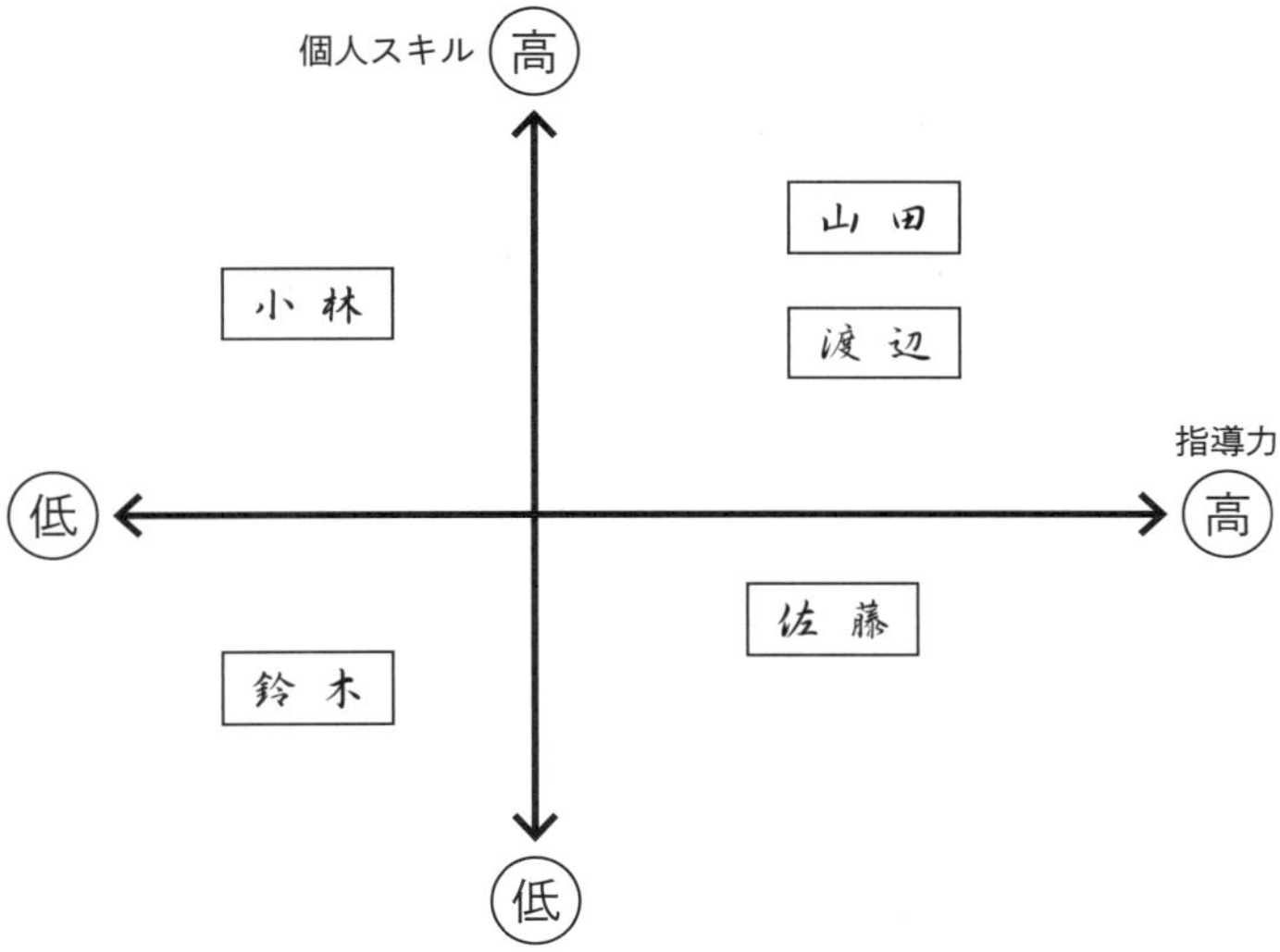

シートができあがったら、ゆっくりと全体を眺めてほしい。いろんなことが見えてくるはずだ。「うちの会社は教える立場の人が少ない」「この人は営業力はあるけれど、教えることが下手だ」「中堅の能力がいまいち足りない」など。

こういった社内全体で見た各社員の位置づけを把握しておくことが組織をとらえる上で必要不可欠だ。いくら個人の成長といっても、組織の成長のベクトルとずれていれば、組織全体のパフォーマンス向上にはつながらない。

シートが完成したら、「なぜ、この社員にこういう評価をしたのか」をもう一度考えて理由を書き出してみてほしい。評価の前提には、なにかしらの事実があるはずだ。その事実をいくつか書き出してもらいたいということである。「この事実があるから個人スキルは高い」「この事実があるから指導力が不十分」といったようなものだ。

このプロセスは、社長にとって意外と大変な作業だ。実際にとりかかると、「まったく筆が動かない」という人も少なくない。それでも脳から汗を流しながらでも書き出してほしい。

ここで書き出されたものこそ、社長が組織として評価している要素に他ならない。こういった要素を体系化すれば、社長の脳内を基礎にした自社オリジナルの人事評価ができる。人事評価システムを外注すると、立派なものはできても使えるものはなかなかできない。それは社長の考えとかけ離れた人事評価システムだからだ。中小企業では、社長の脳内にあるイメージをカタチにした人事評価こそベストなものだ。

賃金体系作成時にも有効

人財マトリックスシートは、賃金体系の作成時にも利用できる。私は、中小企業の賃金について次のように考えている。

・生活給である基本給は、勤続年数に応じて
・結果である賞与は、個人の業績に応じて

これまで成果給の比率を高めた社長にも会ってきたが、なかなかうまく運用できていない。中小企業は「みんなで経営」が基本なので、成果の評価が難しいというのが実情だ。とくに非生産部門では、その評価の仕方を考えるだけで時間を費やしてしまう。社員の成果を算出することが成果となってしまいかねない。その意味では、年功序列的な賃金体系を基本にすることも合理的だと考えている。

もっとも、社員のなかには、個人スキルは高いものの、部下の育成がどうしても苦手な人がいる。こういうタイプはできる営業担当者に多い。こういう人に職位を与えて無理に部下の育成を担当させると、パワハラ問題になりがちだ。できる人は、部下ができない理由がわからないから教えられないのだ。営業は天性の部分が多分にあるからとくにこういう傾向が強い。

人財マトリックスシートで突き抜けて個人スキルが高い人には、成果給的な要素を強め

た別ラインの賃金体系を用意しておくといい。こういうタイプは成績連動的な要素が強くなると、猪突猛進にがんばってくれる。ただし、優秀すぎると取引先との個人的関係が深くなりすぎて取引先を奪ってしまうこともある。

このように1枚のシートでも、人材の広がりから自社の現在と将来の展望をうかがうことができる。時間を要するものではないので、まずは作成して自社の現在を見ていただきたい。

2 社員の声に継続的に耳を傾ける

～社員との「一対一」の関係を積み重ねる～

労働事件は社員の社長への信頼がないために起こる

社長は、自分が想像しているほどには社員のことを理解していない。これが多くの労働事件を経験してきた者の率直な意見だ。自社の現状を知るということは、つまるところ社員一人ひとりのことを知ることに他ならない。

そもそも中小企業において、社員から社長に矢が飛んでくるかどうかは、社長への信頼があるかどうかによって決まる。社員に社長に対する信頼があれば、なにかトラブルがあってもいきなり矢が飛んでくることはない。逆に社長への信頼がなければ、「社長のことなど知ったことか」というふうになってしまう。

もちろん、社長への信頼があることを理由に労働法に反するようなことを強いることがあってはならない。ただ、わかっていただきたいのは、社員の声の背後には、社長との信頼関係がうまく構築できなかったこと、あるいは壊れてしまったことへの不満もあるということだ。「許せない」という感情が先にあり、法律は後づけということだ。

社員との面談を継続的に行う

私は、労働事件をできるだけ話し合いで解決するために社員の方と話すことが多い。そのとき、いきなり社員の方の法的な請求について理論的に反論をするようなことはしない。私が最初にすることは、とりあえず社長あるいは他の社員への不満をじっくり聞くことだ。このプロセスがあるかどうかで、その後の話し合いの内容がまったく違ってくる。社員の方の本質的な不満を聞き出さないと形式的な回答をしても納得してもらえない。

そうはいっても、最初はなかなか話をしてくれない。会社の代理人だからなおさら警戒されてしまうこともある。それでも時間をかけて話を聞いていくと、本当の不満というものを少しずつ口にしてくれる。そういった言葉を一つひとつ集めていくことがバランスのとれた解決を図る上で大事なことだと考えている。

このような社員との対話の時間は、勤務時間中に計画的に実施するべきだ。飲みニケーションや社員旅行も社員同士のつながりを深めるイベントではあるが、育児などで参加できない社員もいるだろう。なによりイベントはあくまでイベントであって、一過性のものでしかない。**社員との面談は、社員の不安をヒアリングして成長を促進するためのものであり、継続性が求められる。**

こういった面談は、前述したように最近では１ｏｎ１などと言われて、いろいろな企業で導入されているようだ。私の経験からしても、社員との面談を継続的に実施すると、確実に社内の雰囲気が変わっていく。では、具体的なやり方について検討していこう。

面談は聞く姿勢に徹する

一対一の面談は、本来であれば社長がやるべきだが、時間的になかなかそうもいかない。そこで社員の面談は、管理職が担当する部下に対して実施することになる。そして社長は、管理職との面談を通じて社員の状況を把握していくことになる。

ここでのポイントは、ひとりの管理職が担当するのは7名以下にしておくことだ。ひとりの人間の目が届く範囲にはおのずと限界がある。これまでの経験から、7名を超えると一人ひとりに注意を向けることが難しくなる。

面談は、2週間に1回15分くらいからはじめるといい。「たった15分」と思われるかもしれないが、最初は短いくらいがちょうどいい。これまでの経験からして、社長が「さあ、自由に話して」と社員に語りかけても、「うちの社長、大丈夫か」と身構えられるのがオチだ。

これはあたりまえといえばあたりまえの反応だ。「今日から君の声を聞くよ」と言われて信じる人がいるとすれば、なかなかにすごい人だ。最初は「とくになにもありません」と言われて、静寂の15分で終わってしまう。それでいい。社長たる者、ここで心が折れてはいけない。管理職も同じだ。

人間の信頼関係は、対話の内容よりも、接点を持った回数に比例する。とりあえず内容は横に置いておいて、**「君の話を聞くよ」**という姿勢を繰り返し示すことからはじめることがポイントだ。

日本人はとかく、「実質」という言葉を「形式」という言葉よりも重視するが、現実は

必ずしもそうではない。むしろ形式にこだわるからこそ実質がともなってくると言える。茶道、華道、柔道など、「道」というものはいずれも「型」からはじまる。面談も「型」からだ。

「なぜ」ではなく、「どうやって」という前向きな姿勢で質問する

面談は、とくにテーマを設定せずにざっくばらんに話してもらってもいい。社員の話を聞くことが目的だからだ。さりとてテーマがなにもなければ、自由に話すといっても簡単ではない。そこで、次のようなテーマを基本にすると話がしやすい。

①いま担当している業務で負担に感じているものはなにか
②負担を軽減するためにはどうしたらいいか
③これからどういったスキルを磨いていきたいか

質問内容であまり深く悩む必要はない。少しずつ話ができるようになってから内容につ

いて考えていけばいい。

ただ、**質問をするときには「なぜ」という言葉は使わないことだ。**社長は好奇心旺盛だから、ついつい社員の意見に「なぜ」とその理由を聞いてしまいがちだ。この「なぜ」という言葉は、相手に対して意外とプレッシャーになってしまう。「自分の発言には理由をはっきりさせないといけない」と感じさせるようになってしまう。それでは何も発言できなくなる。

人はそれほど理路整然と話をしているわけではない。理由なんてないまま発言していることもよくあることだ。**社員には、「なぜ」ではなく、「どうやって」と前向きな言葉で質問するようにしていただきたい。**

3

自社オリジナルの就業規則に魂を込める

～就業規則を見れば、社長の本気度がよくわかる～

就業規則を見れば社長の姿勢がわかる

就業規則とは、いわば社長と社員のつながりそのものだ。ここに何が書かれているかによって、会社と社員の関係性が法的にも決まってくる。会社にとっては労務のエッセンスと言っても過言ではない。労働環境をよくしようとビジネス書に書かれているノウハウをいくら導入しても、訴訟になった際に社長の言い分の根拠になるのは就業規則だ。

これほど大事な就業規則であるにもかかわらず、その作成について杜撰な中小企業があまりにも多い。少なくない数の社長が、労基署に提出するためにしぶしぶ作成している。

しかも、こういう社長に限って、コスト削減のために他社のモデルケースを無断で利用して、労働事件で多額の負担を支払う羽目になりがちだ。

就業規則を眺めれば、社長の経営に対する姿勢がすぐにわかる。経営に対して真剣な社長の就業規則は、理路整然として社長の理念と社員に対する思い入れが明確に表現されている。これに対して、経営に対する情熱が微妙な社長の就業規則はどことなく歪《いびつ》で、時代遅れの内容のものが多い。ひどいものになると、本文で「別紙による」と書いてありながら、別紙がないものすらある。そもそも未完成というわけだ。それで「ヒト」という経営資源の中核を管理しているのだから、経営全般となれば言わずもがなだ。

就業規則は、それ自体がキャッシュを生み出すことはない。多くの社長にとって就業規則の作成はコストでしかないため、「とりあえず作っておけば」ということになってしまう。しかし、これは根本的に誤った考え方だ。**就業規則こそ社員を成長させることでキャッシュを生み出し、かつ不要なキャッシュの流出を防止する最大の道具なのである。**

コストをかけてでも社長の魂の込もった自社オリジナルの就業規則の策定に挑戦するべきだ。就業規則を作成する際のポイントについて整理しておこう。

就業規則は自社の企業文化に合わせる

まず、中小企業においては「就業規則ありき」であってはならない。いくら立派な就業規則であっても、自社の現実の勤務内容と乖離《かいり》するものでは役に立たないし、かえって事実と規則の間で矛盾が生じ、労働事件を引き起こすもととなる。就業規則を作るときには、時間をかけて自社の労働状況を観察することからはじめるべきだ。「勤務時間はどうなっているのか」「賃金の計算はどうなっているのか」など、現実を知らない限り自社の就業規則を作ることは不可能だ。

ある運送会社の社長から、「都市部の社労士（社会保険労務士）事務所に就業規則の作成を依頼したのだが、打ち合わせも十分でないまま、よくわからないものができてきた。どうしたらいい？」という相談を受けたことがある。内容はまったく見ていないけれど、「それ、絶対に役に立たない」と即答した。見るまでもない。

実際の勤務状況のヒアリングも十分にしないまま作られた就業規則なんて、見栄えしか整えていない粗悪品に他ならない。そこには社長も社員もいない。

就業規則は指摘する根拠になる

誤解を恐れず言えば、就業規則に書いていないことがあった場合、社員に対して「それは違うでしょ」と主張することができない。たとえば、髪の毛の色について明記されていないと「個人の自由なのに、なぜだめなのか」となる。あるいは最近ではメンタル不調の人に対して「ちょっと病院で見てきてもらったら」と言えるのかという問題もある。就業規則に受診命令として記載してあれば、こういったアドバイスもできる。

「そこまで細かく書かないといけないのか」と社長が感じることがあるだろう。たとえば、一時期話題になったSNSへの不適切な投稿について、「なぜ、わざわざ問題行動をネットに上げるのか」理解できない部分もあるだろう。世の中は理解できることばかりではない。だからこそ、会社として社員に守ってほしいことは言葉にして残しておく必要がある。

就業規則の大きな役割は、指摘する側に自信を与えることにある。指摘をして社員から「なぜ」と言われるとたじろぐことがある。指摘した側としては、「あたりまえのこと」と考えているので、いざ理由を問われると即答できない。しかし、就業規則に明記してあれば、「就業規則に書いてあるから」と答えられる。管理職が自信を持って指導できるためにも、就業規則の内容は「そこまで書きますか」くらいでちょうどよい。

就業規則に完成形はない

人は、常に変化する。そして、人をつなげる就業規則も常に変化させるべきだ。労働法は、政治や経済の影響を受けやすい分野だ。たとえば、メンタルヘルス、副業解禁、女性の活用、ＬＧＢＴなど日々の報道でも目にすることが多いだろう。時代の変化によって就業規則に記載するべき内容も変えていかなければならない。

たとえば、ＳＮＳへの投稿にしても、うつ病で一時的に休職した場合への対応にしても、古い就業規則では定められていない。定められていないから、社長は自分の感覚に基づいた判断をして違法と評価されてしまう。就業規則は、会社と社員が「こういうときにはこうなる」というルールを定めたようなものだ。ルールは、問題が発生したときに後づけで決めることはできない。事前に策定しているからこそ意味がある。

もっとも、多忙な社長が変化する労働法制に対して事細かに対応していくことは現実的ではない。また、中小企業には、労働法制の変更を理解して対応するような人を確保しておくような余裕もないだろうし必要もない。現実的なところとしては、信頼のできる弁護士あるいは社会保険労務士と契約して、自社の就業規則をはじめとしたシステムの構築を依頼したほうが手っ取り早い。

中小企業の社長は、士業の利用の仕方があまりうまくない。売上に影響しない「経費」としか見ていない人もいる。これは社長が「士業が何をしてくれるのかわからない」と思っていることも理由のひとつだろう。

士業の役割とは、リスクを顕在化させて対応策をとることだと私は考えている。リスクが発生したときにはじめて士業を利用するというのは間違っているし非効率的だ。**「自社のリスクを低減させるためにいかに活用するべきか」という視点で、士業との関係を見直してみるといい。**

4

就業規則は、運用がすべて

~「うちは昔からこうだから」はブラック企業の証拠？~

立派な就業規則も運用がまずければ労働事件を引き起こす

ルールには、２つの要素がある。「策定」と「運用」だ。いくら立派なルールでも、当事者が守らなければ絵に描いた餅になってしまう。

これは就業規則でも同じである。いくら専門家に依頼して立派な就業規則を作成しても、運用に失敗すれば意味がない。**就業規則は、「策定してからがはじまり」と言っても過言ではない。**

個人的な印象ではあるが、中小企業の労働事件では、就業規則の「内容」よりも「運用」でもめることが多い。「就業規則にはこう書いてあるのに社長は守れていない」という主張になってくる。知り合いの社会保険労務士の方からは「顧問先に弁護士から内容証明が届いた。費用をかけて就業規則を作成したのにどういうことだと批判された。悪いのは就業規則どおりにやっていない会社なのに。さりとて顧問先だから無下《むげ》にもできず、どうしましょう」という愚痴《ぐち》を耳にすることが少なくない。

社長が就業規則の運用で失敗する理由については、次のようなものがあるだろう。

①就業規則の重要性を社長が理解していない
②就業規則の内容が複雑で、会社の習慣に合っていない
③就業規則の運用をチェックするシステムがない

長時間労働抑制には具体策が必要

就業規則の運用のトラブルといえば、いわゆる残業代請求が典型的だ。これについてイメージ作りのためにも話を進めていこう。

長時間労働は、社員にとって過大な負担になる。これを阻止するのはまさに社長の役目

に他ならない。そこで社長として対策を練ることになるのが、いわゆる残業時間の圧縮だ。誰だって短時間で仕事が終わるのはうれしいもの。うまく残業を減らせば社長にとって人件費の削減にもなる。そこで社長としては「長時間労働をなくすために残業を減らしていこう」と声高に述べることになるのだが、現場の雰囲気はしらけたものになりがちだ。

社長の指示は往々にしてスローガン的なものが多く、具体的な解決策をともなわない。作業量は同じままで、単に「労働時間を減らせ」と言っているのと変わらない。いくら「生産性の向上のために改善を」と言っても、ものには限界がある。改善の仕方がわからないから苦労しているのが現場の声だ。**労働時間を減らすためには、社長が「やらないこと」を決定するほかない。**

長時間労働がなくならない理由

そもそも日本の中小企業で労働時間が長くなってしまう理由はどこにあるのだろうか。労働事件を担当してきた立場からすれば、次の３点が主な要因ではないかと考えている。

①スタート後の修正が多すぎる

ひとつには、仕事のゴールが曖昧なままスタートしたことで修正が多すぎることがある。典型的なものが、上司からの指示で資料を作ったら修正を求められる場合だ。他にも納期直前になってからのクライアントからの修正依頼や追加工事といったものがあるだろう。

こういったことは、オーダーする側とオーダーされる側が作業の「完成形」のイメージを共有できていないことから発生しやすい。**仕事の速い人は、オーダーするときにも完成形をできるだけ明確にして無駄が発生することを防止している。**

②優秀な社員に仕事が集まりすぎる

「仕事は忙しい人に頼め」と言われる。処理が速いからこそ周囲から頼られてますます忙しくなることは珍しくない。社長としても「できる人」についつい難しい案件を依頼することになってしまう。任されたほうは「なんとかしないと」と思いつつも、しだいにどうしようもなくなってしまう。そんなときに「もっと効率的に」と言われると、おとなしい人でも退職を決意してしまうことになる。社員は優秀な人から退職していくものだ。

こういった事態になるのは、個人の負担が可視化できていないからだ。**一度個人の担当**

する仕事を整理してみると、歪な負担になっていることがよくわかる。こういうときは、社長の**「任せる勇気」**が必要となる。まだ力不足と感じていても、任せることでスキルが高まることも多々ある。安心なところばかりに仕事を振っていると、全体としてのパフォーマンスはいつまでも上がらない。

③ 点と点のリードが長すぎる

「生産性の向上を」と言われると、とかく目の前の作業をいかに速く終わらせるかに意識が向かいがちだ。しかし、**労働時間が長時間になっている会社では、個別の作業よりも個別の作業間の連結に無駄な時間が含まれていることが少なくない。**

たとえば、何らかの作業に上司の承認が必要な場合にいつまでも承認が下りないためにプロジェクトが前に進まないということは誰しも経験することだろう。必要なことは、むしろ作業間のフローをいかに効率的にするかだ。

こういったことは、いくら自分が努力しても相手のあることなので容易に改善することができない。たとえば、社長が「決定事項は24時間以内に回答すること」などと明確な指針を決めて徹底しないと、いつまでも上司の判断が決まらず、部下が動けなくなる。それで遅れたことを部下の責任にされたらたまったものではない。

人件費抑制のための残業対策はうまくいかない

長時間労働になってしまう理由を整理した上で、具体的な対策を検討していこう。

まず社長に強調したいのは、**「人件費抑制のための残業対策はうまくいかない」**ということだ。あるシングルマザーの社員が「残業時間を細かく言われるのは正直つらい。早く帰宅したいが、残業代も生活の支えになっている」と発言したことが記憶に残っている。中小企業の社員にとっては、残業代も生活費として想定しているところも否めない現実だ。労働時間を減らして手取りも減ったというのであれば、社員も残業抑制に本気になれるはずがない。

「人件費の総額を維持しつつ、残業時間を減らしていく」というのが、社長の心がけの前提として必要だ。「最後はカネか」と思われるかもしれないが、カネを出さずに口を出す人がいかに疎《うと》ましいものであるかは、社長が誰よりも知っているだろう。

では、残業について制度の側面から考えてみよう。

中小企業においては、労働時間の効率的な管理として、就業規則で残業の許可制、変形労働時間制あるいは固定残業代制といったものを導入しているのが一般的だろう。導入自体は社会保険労務士などに依頼しているので、あまり問題にはならない。むしろ問題になるのは、就業規則に基づく運用をしているのかということだ。

たとえば、残業の許可制。最初のころは上司の許可をもらっていたものの、しだいに上司にとっても面倒になり、社員が自由に残業をすることを黙認している会社がある。このようなケースだと、「許可していないから残業にならない」という反論は成り立たない。

固定残業代制にしても同じである。「定額で残業代を支払えばいい」と誤解をしている社長がまだいる。なかには就業規則に反する運用をしていても、「うちは昔からこういう管理だから」と言って、オリジナルな見解を朗々と述べる社長もいる。まったくもって意味がない。自分で「我が社はブラック企業です」と語っているようなものだ。

労働時間の管理の仕方がポイント

社長が考える労働時間が、法律上の労働時間と異なることがよくある。たとえば、昼食時間に事務担当者に電話番をしてもらったら、電話の待機時間として労働時間にカウントされる。「そんなバカな。たかだか電話の取り次ぎだよ」と怒る社長もいるが、法律とはそういうものだ。

就業規則で残業を管理する制度を導入したら、きちんと運用することだ。運用していなければ、どんなに優れた制度もなかったものになってしまう。とくにポイントになるのが、労働時間の管理の仕方だ。

中小企業にとっては、タイムカードあるいは自主申告のいずれかによる管理が一般的だろう。ときに「労基署対策でタイムカードを設置しない」という社長の話も耳にする。その事実が発覚した時点で悪質という評価は免れないだろう。

こういった時間の管理は、言葉で言うほど簡単ではない。たとえば、長距離トラックの運転手あるいは直行直帰が認められている作業員などは、勤務状況を直接監督する者がいないため、時間管理が自主申告になりがちである。

自主申告は、申告する側にとっても手間であるため、報告が杜撰になってしまうことがよくある。これだと「会社による管理が杜撰だ」ということで、未払賃金が認定されることがある。直行直帰の管理について労基署から指導を受けた社長が「行政は指摘しかしない。具体的な解決策はなにも教えてくれない」と嘆いていたのが印象的だった。

残業代請求がいくらになるかは、賃金や時間によって異なる。一般的には過去2年分を請求することができる。基本給が25万円のサービス業の場合、ひとり200万円くらいになることもある。これが3名から一斉に請求されると会社としてもキャッシュが一気に出ていくことになる。金融機関が残業代の支払いのために融資をしてくれるようなことは通常ないだろうから、会社あるいは社長の個人資産から支払わざるを得ない。

労働時間の管理はあくまで会社の責任だ。自主申告の会社でも、社員から「社長から退社時刻は6時にしておけと言われたけど、実際は10時まで勤務していた」と請求されることは珍しくない。このとき会社は、午後6時に退社していたことを反論していくことになるが、十分な資料がないのが通常だ。自主申告制度は都合のよい制度と誤解していたら足をすくわれることになる。**むしろ自主申告制度こそ、未払残業代が発生しやすい制度と言ってもいい。**

こういった残業代請求は、交渉からはじまり、訴訟・労働審判といった裁判手続が利用されることもある。じっくり争うと訴訟で1年以上かかるケースも珍しくない。遅延損害金も発生するので、長引くことで社長の負担が大きくなることもある。話し合いで解決できる場合には、他の社員への影響を考慮して、交渉や金銭授受の内容について他言しないことを取り決めることもある。

労働時間の適切な管理で社員のモチベーションを維持する

労働時間の管理を適切に実施することは、社員のモチベーションを維持する上でも必要なことだ。テキパキ仕事をこなして残業をしない社員からすれば、同じ作業をするのに時間を要して残業代をもらっている社員がいれば不満が出てしまう。「経験値が高いのに評価が低いのはなぜ」ということになる。「個人の能力の差はありうることだから仕方がない」という批評家的な意見を述べる人もいるが、人間の感情はそれほど冷静なものではない。「正しい、正しくない」の前に「好き、嫌い」が出てしまうのが人間というものだろう。

とある自動車整備会社で印象的な事案があった。ある社員は終業後にいつもたばこを吸いながら雑談してから帰宅していた。社長は「早く帰れよ」と口答では指示していたものの、とくになにもしていなかった。後日、この社員が社長とトラブルになって退職したとき、社員は帰宅時間までの賃金をもらっていないと請求をしてきた。社長としては「それは雑談の時間であって、仕事の時間ではない。何度も指示していたはずだ」と口角泡《こうかくあわ》を飛ばして述べていた。でも、この事案では雑談をしていたことを示すだけの根拠がなかった。

社長の言い分はおそらく事実だろうが、言い分を基礎づける指導書といった客観的な証拠がなかった。「言った、言わない」ではどうしても「言った」と主張する側が弱くなる。そのため、社長はやむをえず解決金を支払うことで事案を終えることになった。指示をするときには、きちんと書面の根拠を残しておくことの重要性を改めて感じた事案だった。

「うちの会社はこうだから」といって、話がまとまる時代ではもはやない。就業規則をブラッシュアップして適切に運用することでしか、社長の理念を組織に反映させることはできない。「たかが就業規則」という意識では、これからの社長業はできない。**「就業規則こそ社長の魂」**と言えるようなものを作り運用していただきたい。

第4章

社員とのトラブルの円満解決法

とかく労働事件では、社長はワンマンで悪の権化《ごんげ》のように表現されるときがある。実際、そういう社長もいるかもしれないが、大半の社長はそんな感じではない。

社長だってひとりの人間であって、「できれば社員とうまくやっていきたい」という気持ちがある。ただ、個々の社員からみれば「ひとりの社長」かもしれないが、社長からすれば守るべき社員のなかの「ひとり」ということになるから、立場が違うことは否めない。そういった立場の違いがときに社員とのトラブルの原因になる。

社員とのトラブルについて相談に来られる社長と専務の顔は本当につらそうだ。弁護士から届いた内容証明、訴状あるいは労基署からの書面などが手元に来ると、「なんだか大変なことになるのではないか」と不安になる。人は「どうなるかわからない」というぼんやりとした不安でこそ身動きがとれなくなるものだ。

そこまで至らずとも、日々の業務の中で社員とのちょっとしたトラブルで悩んでいる社長は少なくない。私は、まったく人間関係で悩んだことのない人にお会いしたことがない。

私たちが悩んでしまうのは、「これから先、どうなるのか」という全体のイメージが見えないからである。労働事件にしても、ざっくりとしたイメージを持っておくだけで事実に対する受け止め方が違ってくる。

そこで本章では、中小企業にありがちな労働事件について説明を加えていこう。その前提として社長の代理人として対応している私のスタンスを明らかにしておきたい。

私は、労働事件において「社員に勝ちましょう」という勢いで事件を受任することはない。「社員をコテンパンにしてくれ」という社長からの依頼であれば、「どうぞ他の方に」とはっきりお伝えしている。いくら報酬をもらえるからといって、自分のプライドを売ってまで仕事にしようとは考えない。

私のスタンスは、「スピード感をもって労使双方にバランスのとれた解決策を見つける」というものだ。**誰かが誰かを追い込むのではなく、「いろいろあったけど、お互いギスギスするのは早めにやめましょう」というのが基本的な考え方だ。**

いがみあってもなにも生まれてこない。むしろ他の社員からは「社長はここまで自分に合わない社員に手を出すのか」と白い目で見られることもある。だからこそ本音はどうであれ、せめてカタチだけでも「円満に解決した」というようにするべきだと考えている。

まずパワハラから検討をはじめていこう。中間管理職から「これってパワハラになりますか」という質問を受けることが増えてきた。あまりにもパワハラを意識しすぎて、かえってあるべき指導ができなくなっているのが現状の問題点だと言える。パワハラとの批判を受けないためにはどうすればいいのかについて、実例を交えながら考えていく。

　パワハラの次はセクハラについても話を進める。女性の活躍が声高に求められるいま、セクハラを撲滅させることは女性にとって働きやすい職場環境を作る上で不可欠だ。社員からセクハラ相談を受けたとき、社長が頼りない回答をすると一気に信頼が揺らぐ。「女性社員を守るためになにをするべきか」という観点から現場の状況を見てみよう。

　中小企業では、信頼していた営業あるいは経理担当者が会社のカネに手を出していたということが珍しくない。事案が発覚したときに会社としてなにをなすべきかについては、いくつかのポイントがある。感情的に社員を責めるのではなく、「事実の確認と被害の回復」という観点から冷静な判断が求められる。

　最後は労災事故。労災事故については「労災保険で対応できるから会社に負担はないだろう」という間違った認識がいまだにある。会社自身が慰謝料などを自費で負担しなければならないこともある。労災事故が発生したときの対応について検討していく。

1

パワハラかどうかを決めるのは、裁判所の判断

～パワハラが引き起こす会社崩壊～

パワハラに怯える中間管理職

「これってパワハラになりませんか」というメールを顧問先の中間管理職からいただくことがよくある。その大半に対する私の回答は「大丈夫ですよ。業務命令の範囲内でしょう」というものだ。こういうやりとりをするたびに「管理職もびくびくしながら部下に指示しないといけないから大変だな」と感じる。

あたりまえのことだが、パワハラはあってはいけない。それはすべての人の共通認識だろう。パワハラ撲滅のための啓発活動も活発にされている。でも、同時に「パワハラ」という言葉ばかりが広がったことで、指導するべき立場の者に「これって大丈夫だろうか」

という萎縮《いしゅく》効果が出ているのも事実だ。

誰だってトラブルに巻き込まれるのは避けたいところだ。パワハラの批判を受けるかもしれないと考えれば、「余計なことは言うまい」ということになる。これではあるべき指導もできなくなってしまう。部下の育成もできないし、組織としてもしだいに腐っていく。中小企業における組織の腐敗というのは、音もなく静かに進行するからこそおそろしい。気がついたときには、社員相互が人間不信になってしまう。

どこまでが指導で、どこからがパワハラなのか

こういったことになるのは、パワハラと指導の分岐点がはっきりしないことに原因がある。ある発言がパワハラに該当するかどうか、誰でも簡単に判断できるのであれば、萎縮せずに指導をすることができるだろう。よかれと思ってした発言が、事後的に「あれはパワハラでしょ」と指摘されてしまうから参ってしまう。

そもそも「パワハラの定義を述べてください」と質問されて、いったい何名の方が回答できるだろう。厚生労働省のサイトでは、「同じ職場で働く者に対して、職務上の地位や

人間関係などの職場内の優位性を背景に、業務の適正な範囲を超えて、精神的・身体的苦痛を与える又は職場環境を悪化させる行為」と定義されている。**「職場内の優位性」「業務の適正範囲の逸脱」**がポイントになるわけだが、なにをもって「逸脱」となるかは定義からして明確ではない。

たとえば、身体の安全が危機にさらされているような工事現場で、「おい、お前、なにやってるんだ」と声を荒らげたら、いきなり「逸脱」という評価になるのだろうか。それは明らかに一般人の感覚からずれているだろう。では、パワハラに該当するかどうかについてはどう考えていけばいいだろうか。

まず前提として押さえておくべきことは、**「ある行為がパワハラになるかどうかは社員や社長が決めることではない」**ということだ。ましてや弁護士が決めることでもない。最終的に話がつかないのであれば、決めるのは裁判所ということになる。弁護士にパワハラに該当するか尋ねられても、「大丈夫（でしょう）」としか立場的に言いようがない。

では、社長や管理職が部下の指導をするときに、なにをもってパワハラに該当するかどうかを判断すればいいだろうか。現場で使える基準というものは、些末なものには目をつぶってもシンプルなものでなければならない。発言ごとに確認をどこかに取らなければならないとなると、負担が多すぎて普段の業務の支障になってしまう。「できるだけシンプルに」という観点からパワハラの定義について考えてみよう。

暴行は100％パワハラ

まず、暴行は明らかに指導の範囲を超えているので問題外。これは誰しも同意するところだろう。そもそも職場での暴行なんてあるのかと思われるが、相談としては意外にある。とくに建設や土木の現場では、指導が感情的になって、「つい手を出してしまった」ということがありがちだ。元請けへの態度が悪い、現場近くの住民に迷惑をかけた、などという場合に感情が爆発してしまったということがあるようだ。

こういったケースでは、加害者のみならず、企業側も賠償責任を負担することがある。「なぜ社員の行きすぎた行動に対して会社が責任をとらなければならないのか」と疑問に感じるかもしれない。**会社は、加害者である社員を活用して利益を得ているのであるから、「社員が起こした不祥事も責任を取りなさい」というのが根本的な考え方としてあるから仕方ない。**

「暴行はもちろん加害者が悪い。被害者の損害は賠償しなければ」というのは、ある意味、当然の結末であって誰しも納得するだろう。逆に言えば、そこで思考が停止してしまう。でも、実務ではもう少し踏み込まなければならない。被害者にも何らかの非があるときにどのように賠償金を考えるかということだ。

土木作業員が同僚を殴った事件があった。殴った本人としては、それまでの同僚の態度に腹を立てていたようであるが、直接のきっかけは元請けからの話を聞かずに挑発的な態度をとったことであった。それまで耐えていた感情が爆発して手を出してしまった。

被害者は訴訟を提起して、結果として会社が300万円を支払って和解となった。このとき、損害賠償額を決める際に被害者にもなんらかの問題があったことを原因として、損害額が2割減額された。

このように、被害者にも問題がある場合には、損害額の計算時に減額要因とされることがある。喧嘩《けんか》両成敗《りょうせいばい》として5割の減額を認めた判例もある。職場における暴行事件においては、被害の程度だけではなく、暴行が発生した動機の確認もポイントになってくる。

指示によるパワハラの見極め

ここまで職場における暴行について話してきたが、むしろ、多くの人が悩んでいるのは、職場における発言内容だ。「これを指摘したら大丈夫か」という不安は、管理職であれば誰しも一度は経験したことがあるだろう。この指示のあり方について少し考えてみよう。

特定の指示については、2つのレベルで評価の対象になる。ひとつは**合法性のレベル**。ある指示が合法と言えるか違法となるかという判断だ。もうひとつは**経営的な妥当性のレベル**。ある指示が合法であったとしても、経営判断として妥当か否かという判断だ。ある指示がパワハラになるかどうかは合法性のレベルの問題に位置づけられる。

合法性のレベルの判断には、社長の裁量というものはない。これに対して自社の方向性を決める経営判断の妥当性については、社長の裁量の範囲内ということになる。社長は自信を持って、自分の経営判断を指示していけばいい。

それでは指示の合法性の判断はいかになすべきだろうか。**私はシンプルに指摘の対象が具体的な行動か、あるいは行動を離れた人格であるかで判断するようにしている。**誰かを問題視して指摘するということは、必ず前提として問題視された具体的な行動がある。具体的な行動なくして、「なんとなくおかしい」という印象は生まれてこない。この具体的な行動についての改善を求める指摘であれば、パワハラとして認定されることはないと考えている。

そもそも社員に対する指摘というのは、社員の問題点を改善し組織全体のパフォーマンスを上げるために実施されるべきものだ。だからこそ、指摘の対象は改善するべき具体的な行動でなければならない。「考え方を変える」「意識を変える」「見方を変える」などという、一見して心地よいアドバイスを目にすることがあるが、実効性があるとは到底考えられない。

人間誰しもかなりの時間をかけて自分の内面を構築してきている。外部から指摘されて、「はい、わかりました」とすぐに自分を変えていくことなどできるはずがない。人間が変えることができるのは、まずは自分の行動だ。自分の行動が変わることではじめて内面も変わっていくのが通常であろう。

それにもかかわらず、職場の現場では、具体的な行動を離れた指摘が横行している。たとえば、「お前は何をやってもだめだ。やめたほうがいいのでは」「やる気があるのかないのか」「何を言っているのか、いつもわからない」などは明らかに具体的な行動に対する指摘ではなく、人格批判になっている。

こういう発言をする人は、暴言を吐くことが目的になっている場合がある。暴言を吐くことで、自分の中でのストレスを発散するということだ。ストレス発散が目的だから、発言に続けた具体的な改善策の提案もない。指摘をされた側としては、暴言を吐かれて不穏になるし、具体的な改善をすることができなくなる。ひたすらじっと我慢するだけになってしまいがちだ。これではパワハラと評価されても仕方ない。

パワハラ被害の3つの特徴

パワハラ被害の特徴は3つある。

1つ目に、**職場の上下関係があるため、加害者と被害者の関係が固定化されてしまう。**パワハラをする性格の上司はずっと同じ調子のままだ。そのため、被害者は長期間にわたり被害者という立場に置かれてしまう。時にうつ病などになってしまうこともある。

2つ目に、**真面目な社員ほど、「自分にも非がある」としてパワハラの被害の申出をしてこない。問題なのは上司であるのに、「自分が変われば上司の対応も変わる」と期待して無理をしてしまいがちだ。なにをやっても上司の態度が変わらないため、しだいに無気力になってきて、いつのまにか退職ということになる。

３つ目に、**パワハラ加害者には、自分の発言が不適切だったという認識が往々にしてない。**パワハラを指摘されても、「そんなわけありません。よかれと思ってやっただけです」と反論することもある。「自分もこういう指導を受けていた」と言う人に限って、過去に受けた指導が適切なものだったのかの検証をなんら実施していない。

自分の発言が具体的な行動に対するものであるのか、単なる人格批判的なものであるのか。それについて発言する前に、一呼吸置いてほしい。その一呼吸が良好な職場を生み出すために必要な時間だ。

社長としても、社内においてパワハラに当たるような発言がないか、くれぐれも注意していただきたい。これは自分自身も含めてだ。では、実際にパワハラがなされた場合に、会社として負担するべき賠償金額について少し実例を見てみよう。

パワハラにおける慰謝料の考え方

仮にパワハラと認定された場合、会社として損害賠償責任を負担することになる。一般的には損害賠償責任を果たすといえば、賠償金を被害者に支払うということになる。賠償金といっても、内容として治療費もあれば休業損害もある。将来の収入の減少が見込まれたら、減少分の負担も考慮しなければならない。ここではパワハラの賠償金として一般に見受けられる慰謝料について説明をしていこう。

慰謝料というのは、加害行為による精神的苦痛の対価だ。「この苦しみが金銭的に評価できるのか」という批判もあるだろうが、現実的には金銭的に評価して解決していくしかない。この慰謝料というのは、いろんな場面で出てくる。交通事故における慰謝料もあれば、不貞の慰謝料というものもある。原因はなんであれ、加害行為によって精神的苦痛を受けたのであれば、慰謝料を請求することができる。パワハラの場合であっても、不適切な発言で精神的苦痛を受けたとして、慰謝料を直接の加害者及び会社に対して請求することになる。

ただ、**間違ってはいけないことは「請求できること」と「裁判で認められること」はまったくレベルの違う話ということだ。**不貞の慰謝料などが典型的だが、被害者の想定している慰謝料の金額が１０００万円というようなケースがある。おそらくテレビで見たか、人から聞いたという曖昧な根拠で「自分もそれくらいの請求ができる」とイメージしている。実際には３００万円を超えるような不貞の慰謝料が認定されるケースは珍しいだろう（そもそも夫に、財産分与や養育費に加えて慰謝料を支払うだけの能力があるのかという越えられない壁もある）。

慰謝料は、個人の精神的苦痛の対価である。「精神的苦痛」という目に見えない損害を金銭的に評価することは容易ではない。また同じ被害を受けても、人によって受ける精神的苦痛の程度も異なる。そのため、慰謝料の金額も人によって異なるものと言える。

もっとも、同じ事案でも担当する裁判所によって慰謝料の認定額がまったく違うというのもバランスが悪い。東京なら慰謝料の金額が高くて山口県なら低いとされると、同じ国民として納得がいかなくなる。だから交通事故、不貞あるいはパワハラといった類型的な事案については、ざっくりとした相場観のようなものがある。こういった相場観を前提に、諸々の修正要素を加味して損害額が決まっていくというイメージだ。

パワハラの慰謝料を検討していく上では、①加害行為の内容、②被害の程度、及び③被害に遭った期間を判断要素として確認していく。

意外かもしれないが、③被害に遭った期間を確認しておくことは大事だ。パワハラはとかく長期間にわたりなされることが少なくない。加害者自身には「悪いことをした」という意識が希薄なことがあるからだ。被害者としては、「上司ともめると職場にいられなくなる」と考えて、ひたすら耐えて長期間にわたり被害を受けてしまうこともある。

これらを中心にした上で、具体的な賠償額を決めていくことになる。これまでの経験からすれば、慰謝料として50万円から１００万円の範囲で認定されることが多い。

裁判になる前の段階で、社長から「パワハラがあったと言われている。社員にどのくらい払うべきか」と相談を受けるときがある。一概には判断できないが、「行きすぎた指導」というのであれば、「被害に遭ったとされる月数×４万円」をひとつの目安にして提案をするようにしている。被害に遭ったのが10カ月なら40万円というわけだ。ケースによっては、被害者からパワハラを理由に退職の申出がなされることもある。その場合には３カ月分の給与相当額を慰謝料として支払って話をまとめることもある。

こういった慰謝料を支払うときには事後的なトラブルを防止するために示談書を作成し

なければならない。

ネットでの風評被害を防ぐために示談書に明記すべきこと

社長としてもうひとつリスクがある。それはネットにおける風評だ。最近では社員がパワハラを受けていたり示談金をもらったということを匿名でネットに上げる人もいる。**誰でも容易に情報を手に入れることができる時代とは、誰でも容易に情報をさらされてしまう時代ということだ。**

こういう情報がいったん掲載されてしまうと、将来の採用にも影響する。閲覧している側からすれば、それが真実であるかどうかわからないはずだが、悪評ほど真に受けやすいのが人間の性《さが》だ。売り手市場の現在において、あえてリスクをとって入社する必要もないと考えるのが普通だろう。最近ではパワハラに限らず金銭を支払う際には、ネット上に交渉経緯などを記載しないことを示談書に明示するような場合もある。

指導がパワハラにならないために注意すべきこと

これまで「リスク」という観点からパワハラについて検討してきた。では、自分の指導などがパワハラとならないためにはなにに注意するべきであるか。あるべき指導を整理してみよう。

①指示の対象に5W1Hを明記する

パワハラとして認定されるケースの多くは、感情的な発言によるものである。感情的な発言をする場合には、指摘するべき行動を忘れて人格批判になってしまいがちだ。**自分が部下のどのような行動について改善を求めようとしているのか5W1Hを意識してほしい。**

これらはパワハラの訴訟においても同じだ。裁判所は「私は上司からパワハラを受けました」という程度の主張では認定しない。被害者は、いつ、だれが、どのような発言をしたのかを主張し、立証していかなければならない。たとえば、「平成30年2月8日にAさんがBさんに『お前は一度死んだほうがいい』と発言した」というように特定する必要がある。発言内容を特定しなければ、訴えられた側としても反論できないからだ。指導する側としても問題行為については特定した上で指摘しなければならない。

② 必要な指導は書面で提示する

不適切な発言は、感情的になったときについ出てしまうものだ。雰囲気で余計な一言を口にしてしまったことは誰しも経験したことがあるだろう。

不適切な発言については、社員がスマホなどで録音していたデータが利用されることもある。「自分の発言は録音されているかもしれない」というのは、今の時代に持っておくべき意識だ。「秘密裏に録音されたものだから証拠にならない」と安易に考えないことだ。音声データの場合には、どうしても特定の発言内容だけにフォーカスされて場の雰囲気や話し合いの経緯などは分断されてしまう。「きちんと前後の経緯を確認すれば、発言の趣旨はわかるはず」と言っても積極的な反論にはならない。

感情的な発言にならないためには、口頭ではなく書面によって指導をするべきだ。いったん自分で書面を作成してみると冷静になることができる。人は自分の主張が書面で残るとなると、発言内容を冷静に見ることができる。「これはちょっと言いすぎかな」と自分を客観的に眺めることができるわけだ。とくに一晩置いて読み返してみると、さらに冷静になって考えることができる。

また、書面で指導をしておくと、指導したことの証拠として利用することができる。労働事件の裁判では、会社としてしかるべき指導をしていたのかが争点になることがある。「会社としては口頭で何度も注意しました。それでも改善しませんでした」というのでは指導をしたことの証拠がないに等しい。「会社はこういった指導書を出して注意してきました。内容についても問題があるとは考えていません」という積極的な主張をするためには指導書の作成が不可欠だ。

③問題点は言い切る

これは指導一般に言えることだが、**相手の成長を期待するなら、問題点をはっきり言い切ることが大事だ。**相手の感情を逆なでしないようにと問題点をはっきり指摘せず、迂遠《うえん》な表現をする人をときに見かける。そうでなくても「あなたにはいいところもある」などとフォローを入れつつ話を進める人もいる。相手のことを思っての配慮と言えるが、「指導」という観点からすれば、必ずしも評価されるべきことではない。問題点を問題点として冷静にかつクリアに指摘することが、相手の成長の糧にもなるし、組織としてもピリッとする。

弁護士になりたてのころ、曖昧な回答をしていたら、先輩から「プロなら文末を言い切れ」と指摘されたことがあった。このとき、プロの厳しさというのを肌で感じた。曖昧な態度は、つまるところ、自分の保身でしかなく、相手の成長にはならない。言い切る勇気こそ相手を伸ばす原動力となる。

2

セクハラの解決に、正解はない

～女性が働きやすい職場は、社長が率先して実現させるべき～

パワハラに比べてわかりやすいセクハラ行為

女性の活躍が声高に求められるなど、職場におけるセクハラ撲滅は社長の重大な責務だ。「社長自身がセクハラの加害者」という場合もあるので、まずは自分の行為が女性に不快感を与えていないか襟を正していただきたい。

パワハラの場合、ある発言が「指導の範囲であるか、パワハラであるか」が裁判でも判断が割れることがある。それほど両者の分岐点は曖昧だということだ。これに対して、セクハラの場合、ある行為がセクハラに当たるかどうかが実質的な争点になることはあまりない。あるとすれば、男女間の同意の上の行為だったかどうかというものである。

このように、**セクハラの該当性の判断は、パワハラの該当性の判断に比較して容易な場合が多い**。これについてはみなさんもイメージしやすいところだろう。でも、実際にはセクハラ被害の女性が裁判までやるというケースは、個人的にあまり経験がない。

読者の方にしても、「セクハラ防止」という言葉は日頃から耳にするだろうが、「自分の知り合いが実際に訴訟までした」という事案はあまりないのではないだろうか。ここにセクハラ事案の特徴がある。

セクハラの訴訟が少ない理由

日本では、誰でも裁判を起こすことができる。セクハラの被害者であっても、加害者や会社を被告として訴訟をすることができる。もっとも「裁判を起こすことができる」ということと、「裁判をやってみる」ということの間には大きな隔たりがある。セクハラの被害者は、ただでさえ女性としての精神的苦痛を受けている。それが訴訟となれば、「自分が被害に遭ったことが外部に洩れるのでは」というさらなる不安に襲われてしまうことがある。そのため、裁判まですることに消極的になってしまう。

社長としては、こういった女性の微妙な心理にも十分配慮しなければならない。「わしにまかせとけ。なんとかしてやる」という程度の気持ちでセクハラ問題に関与してはならない。

「なんで社員の男女トラブルの後始末につきあわないといけないの。こっちは忙しいのに。勝手にやってほしいよな」とほろ酔いで話しかけてきた社長がいた。私はこういう社長の仕事は絶対に引き受けない。**セクハラの被害が出たら誰が悪いかといえば、もちろん加害者だが、同時に加害者と同じくらい社長も悪い。そういう社員を育てたのは社長に他ならないからだ。**

何度も言うが、中小企業で起きたことのすべての責任は社長ひとりが背負うべきものだ。ひとりで背負うからこそ、組織の長だ。組織の器はトップの器以上のものにはならない。組織にひびが入ったというのであれば、社長のあり方のどこかにひびがある。社員からセクハラの相談が来たら社長が率先して対応するべきだ。

正論では解決が難しいセクハラ

セクハラの鉄則は、被害者である女性を守ることだ。多くのセクハラ対策の教科書にもいかに女性を守るかについてコメントがされてある。それは立派な内容だし、否定のしようのない説明だ。ただし、教科書と経営の実務は必ずしも一致しない。そのずれに中小企業の社長はどうしようもなく悩むことがある。そういったことを考えさせられた事案をひとつ紹介しよう。

A社は水産加工を主たる事業とする同族中小企業である。営業部長のBを筆頭に積極的な営業活動を原動力に数年にわたり売上高を伸ばしていた。Bは、先代社長のころからのたたき上げで、多数の取引先をカバーしている。後継社長としても「Bに任せておけば」という意識もあり、Bの問題行為にも目をつむってきていたところがある。

ある日、総務の新人のCから「Bから執拗《しつよう》にセクハラを受けている」という相談があった。Cは入社して2年目でまだまだ会社の戦力にはならない。基本的な事務処理をやっとできるようになったくらいである。

調べてみると、たしかにBからはプライベートでの面会や肉体関係を求めるようなメールが執拗にCに送信されていた。事実としてセクハラがあったのは間違いのないところであった。CからはBを辞めさせてもらわないと怖くて勤務できないと泣かれてしまった。Bの性格からして退職を勧めれば憤慨して退職していくことは目に見えていた。

社長は本当に困ってしまった。本やセミナーのみならず、自分の倫理観からしてもCを守ってBを退職させるべきなのは明白だった。でもBが退職してしまったら大口の取引先を奪われて売上が3割近く減少する可能性があった。偉大な経営者の成功本には「売上を下げても、自分の信念に従って大成功」と書いてあるが、自分にできる自信はない。成功本は「成功した人」の本でしかないからだ。筋を通してCを守るべきか、事業を守るためにBを維持するか。

こういったケースは中小企業では珍しくない。そもそもセクハラの加害者は、会社の中でそれなりに力を持っている人が多い。まったくの新人が社内でセクハラを引き起こしたという事案を手がけたことはない。セクハラが悪いことであることは誰にとっても明らかなことだ。それにもかかわらずやってしまうということは、自分には力があって「少々のこと」をしても社長から問題視されないことを自覚しているからだ。**「なにをやっても社**

長は自分に刃向かえない」という妙な自信がセクハラ行為に及んでしまう者の根底にある。

先の事例でも、有力な取引先を押さえていて社長も無下にできないことがＢの違法な行為を助長してきたのだろう。中小企業でセクハラが生じるというのは、それほど社長が社員から軽んじられていることのバロメーターと言える。

矛盾の海の中で正解のない采配を振る

先の事案でも社長は悩みに悩んだ。そして社長は、Ｂをいきなり退職させることはできないこと、Ｂには今回のことについてしかるべき責任を求めること、及び再発防止を心がけることなどをＣに説明した。Ｃとしてはまったく納得できなかった。「加害者であるＢと、なぜこれからもいっしょに仕事をしていかなければならないのかがわからない」ということであった。「怖い」ということだった。

被害に遭った人からすれば、加害者と同じ場所にいたくないというのが当然の心情だろう。でも、一般の中小企業の場合、なかなかそういった配置換えはできない。結果としてＣからは退職の申出があった。

私は社長に「そうか、わかった。がんばれよ」ではCに対して示しがつかないということを説明した。対応を誤れば、退職後に損害賠償などを請求される可能性もある。そこで社長はCに対して退職時に賃金3カ月分相当の賠償金を加算して支払うことにした。さらに社長は、Cのために再就職先の斡旋《あっせん》までした。自分の知人のツテをたどっていろいろ就職先を紹介していた。

Cは結局、自分で就職先を見つけることができたが、社長の姿には感じ入るものがあったようだ。いろいろあったが、最後には「お世話になりました」と言って退職していった。今もってこのような解決が良かったのかは誰にもわからない。「社員とその家族を守る」という言葉は耳に心地よいが、実際に守る上ではどうしようもない矛盾にも対峙しなければならない。

経営者向けのセミナーで、この事案について参加者の意見を求めることがある。大半の経営者の意見は「自分もおそらく同じ対応だっただろう」というものだ。

もしも現実の社会が教科書に出てくるような矛盾なき世界であれば、教科書通りに対応しておけばいい。でも、**現実は理路整然とした世界ではなく、むしろ矛盾が重なりあってうごめいている世界だ。矛盾の海の中で正解のない采配を振らざるを得ないのが、「社長」**

という存在の宿命と言える。

セクハラを起こした社員への申渡しは社長の役割

先の事例ではもうひとつ問題が残っている。Ｂに対する社長の責任だ。若い社長からは「先生からＢにひとつ言ってもらえませんか」と依頼された。「お断り。なにがなんでもしない」ときっぱり回答した。

私の事務所は、中小企業の社長の御用聞きのような存在だ。いろんな相談が持ち込まれてくる。「社長がいつまでも椅子を譲ってくれません」「会長が自社株を保有したまま認知症になってしまった」「クレーマーへの対応で社員が滅入っている」「娘が離婚することになった。孫の親権を絶対に維持したい」などなど。できる・できないは別にして、とりあえず社長とともに悩みながらひとつの方針を決めていくことになる。

その中には「弁護士でもできること」もあれば、「弁護士ができても社長がしないといけないこと」もある。人事における処分は、事業の根幹に関わることだからこそ、社長自身がしなければならない。

組織の要諦は信賞必罰。これは時代を超えて共通するものだ。とかく最近は、褒めることばかりがもてはやされる。褒めて伸びることもあるが、同時に褒めるだけでは伝わらないこともある。間違ったことをした者がいれば、「間違っている」として責任をとってもらうこともリーダーには必要だ。

褒めることは誰にだってできる。しかし、非を指摘することは、リーダーにしかできない。だからこそ、違法な行為に責任を求めるときには、リーダー自身が自分の言葉で部下に告げるべきだ。ここで逃げてしまって、弁護士に依頼すると、社員は社長の顔ではなく弁護士の顔しか見なくなってしまう。これでは社長としての職務を果たすことができなくなってしまう。嫌なことだからこそ社長がしなければならない。

「泣いて馬謖《ばしょく》を斬る」という言葉があるように、いくら優秀な人材であっても規律に反したときにはしかるべき処分を下すべきだ。「優秀な社員だから今回は大目に」としていると、いつのまにか問題社員に会社を牛耳《ぎゅうじ》られることになる。雰囲気の明るい職場というのは、その底辺に緊張感があるということを忘れてはならない。

問題なのはどういう処分をするかだ。懲罰というのは、行為の悪質性と比例したものでなければならない。ありがちなのはいきなり懲戒解雇してしまうことだ。懲戒解雇は本人の生活の糧をいきなり奪うことになるため、よほどのことでない限り認められない。減給にしても、担当する業務が同じまま減給するなら、法律によって限度が決められている。社長のさじ加減で「明日から給与を2割カット」とかはできないのだ。処分があまりにも重すぎるとして裁判になることもある。現実的な処分としては、降格処分あるいは賞与における評価減であろう。

ちなみに、さきほどの事例の結末をお伝えしよう。社長は不安ながらもBを降格処分にした。当然であるが、Bとしては不満であった。しかし、自分の行為の責任もあるので、いたしかたなく従っていた。Bは自分のセクハラが家族にばれるのを恐れていたのかもしれない。それでもBはやはり自分のプライドが許さなかったのだろう。数カ月後に退職していった。退職までの間に取引先の引継ぎなどをしていたおかげもあり、退職しても特段売上に影響することはなかった。

では、セクハラ被害の申出が女性からなされたとき、社長としてはどのように対応していくべきかについてもう少し検討していこう。

社員を守ることと信じることは違う

セクハラの鉄則は被害者女性を守ることだ。ただし、女性を守ることと女性の言葉を無条件で信じることは意味が違う。真面目で熱血漢の社長ほど、女性から泣かれてしまうと、「あいつは許せん。今すぐ呼べ」ということになりがちだ。これで失敗した社長の話である。

メーカーを経営するDに、部下の女性Eの親から連絡があった。Eが上司のFからセクハラを受けて出社できないというものであった。Fを信頼していたDは「裏切られた」という思いに駆られて、いきなりFを呼びつけて問い詰めた。Fは青天《せいてん》の霹靂《へきれき》で事実無根であることを繰り返し述べた。しかし、Fが否定するほどにDの疑念は確信となった。頭に来たFは「そこまで言うなら弁護士をつけて名誉毀損で訴えますよ」と反論した。

「弁護士」という言葉を聞いて一気に冷静になったDが改めて調べてみると、セクハラはEによる自作自演であることがわかった。Eは隠れてFと交際していたものの、うまくいかずに腹いせでセクハラと言ったようだ。軽い気持ちで口にしたら、周囲が話を大きくしてしまい、収拾がつかなくなったというのが事実のようだ。DはFに平謝りして許してもらったからいいようなものの、一歩間違えれば訴えられていたかもしれない。

セクハラは一般的に人目につかないところでなされる。そのため、セクハラを立証する客観的な証拠がなく、本人の言い分というだけの場合も少なくない。そういうときに一方的に加害者の男性を批判するのは危険だ。

相手に対して事実を突きつけるときには、一気《いっき》呵成《かせい》にしなければならない。中途半端に情報を小出しにすることは「交渉」という観点からしてもよくない。メールや音声といったセクハラを明らかにする客観的な資料がないのであれば、女性に対して可能な範囲で資料を用意してもらうべきだ。女性からしても男性からの被害を申し出て、相手の男性から「いいがかりだ。根拠を示せ」と反論されたら、なおさら苦しい思いをすることになりかねない。

ここで大事なことは、女性からの被害の申出があれば、会社として真摯に受け止めて協力する姿勢を示すことだ。根拠がないとして、調査自体をしないようであれば、会社が女性からの申出を放置したとして問題となってしまう。慰謝料における増額事由にもなるだろう。なによりも「社長は社員を守ってくれない」という印象を女性社員に与えることになる。

社内で調査するときには、女性のプライバシーに配慮しなければならない。安易に調査をすると、女性のプライバシーを侵害して二重の苦しみを与えることにもなりかねない。セクハラについて聞き取りしていたら「あの人は部長とできていたらしい」といった根拠のない噂が広まることもある。根拠のないものであればあるほど、具体性と迫真性を帯びてさらに広がるものだ。

こういうことが起きないためにも、調査の仕方については留意する必要がある。とくに「セクハラの被害があった」ということを調査のため誰にまで話していいのかについては、事前に女性の同意を得ておくべきだ。いきなり社内全員への聞き取りなどをすれば、女性は会社にいられなくなるかもしれない。

セクハラの慰謝料はいくらかかる?

では、セクハラがあった場合、慰謝料としてどのくらいの金額を支払うことがあるのだろうか。**前提として忘れてはいけないのは、「女性の苦しみは金銭で評価できるものでは**

ない」ということだ。「いくら支払えば解決するのか」というのは社長の姿勢として根本的に間違っている。金銭的解決というのは、他に手段がないための方法でしかないことを肝に銘じておかなければならない。

セクハラの慰謝料は、①行為の内容、②期間、及び③被害の程度を基礎にして決めていくことになる。行為の内容としては、身体的接触の有無によって大きく異なる。被害の程度については、うつ病・ＰＴＳＤ（心的外傷後ストレス障害）をともなうものか、退職を余儀なくされるものかなどによって異なってくる。

職場で卑猥《ひわい》な発言をしていたなど、身体的接触をともなわない場合には20万円から30万円くらい、身体的接触をともない悪質性の高いと言えるものには１００万円から２００万円くらいをひとつの基準として持っている。これは過去の判例を参考にしたものだ。これを基礎にしつつ、個別事情を加味して調整していくことになる。

ちなみに約８年間にわたりセクハラの被害に遭ったケースで慰謝料として２００万円が認定された判例がある。また、酒席で頻繁に肩に手をかけた事案では5万円の慰謝料が認定された判例もある。最近では労働事件における慰謝料をまとめた本も出ているので参考にしていただきたい。

こういった慰謝料を支払う際には、セクハラの場合でも示談書を作成することを勧める。これは事後的に「賠償金をもらっていない」と言われないためにもきちんとしておくべきものだ。「被害者に悪くないか。言いにくいのだが」と口にする社長もいるが、ただ慰謝料を支払うだけというのはやめておくべきだ。

事件とは人間同士のトラブルが根底にあって、具体的なカタチや質感をともなうものではない。だからこそ「これでいったん終了した」ということをカタチで残しておくことは重要なことだ。カタチがなければ事件として動いているのか終わっているのかわからなくなるからだ。

被害者からすれば、「賠償金をもらっても事件は終わっていない」という気持ちになるかもしれない。それでもカタチだけでもなにか「終わった」というものがあれば、一歩踏み出していく支えになるかもしれない。その意味でも、きちんと示談書なりを作成することは必要なことだと個人的には考えている。

女性の働きやすい職場は、社長が率先して動かなければ実現しない。

3

社員の横領は、社長にも問題がある

~横領被害の回収は現実的には難しい~

社長の死角に社員の不正あり

社長と社員の金銭トラブルというのは後を絶たない。典型的なのは、社員が会社のカネに手をつけてしまったという相談だ。

中小企業では、程度の差はあれどもそのような事例が少なくない。実際には「社長が知らないだけ」というケースが大半だ。被害額も数十万円から1000万円近くとさまざまであるが、正確な被害額を算出するのは容易なことではない。手をつけた社員がメモを残しているわけでもなく、どうしても数字から推認するほかにないからだ。

発覚したときの社長のリアクションはたいてい、「まさか、あいつが」というものだ。

家族のように信頼していただけに裏切られたときの反動はことのほか大きい。**人間はいつも矛盾を内包した存在である。正しい人が悪いこともすれば、悪い人が正しいこともする。**矛盾があるからこそ人間らしいとも言える。そういった人間の機微がわからなければ、社長は人を動かすことができない。

そもそも中小企業で不正があるのは、人に仕事を割りつけてしまったことで担当している仕事の内容がブラックボックス化してしまうことに原因がある。何年も同じ人が一人で経理を担当している、大口の取引先を社員の一人が抱え込んでいるといったことは御社でもないだろうか。

中小企業では配置転換をするような規模も余裕もないために、どうしても周囲から他の社員の仕事が見えなくなってしまう。**社長の死角が社員の不正を生み出すことになる。**

特定の社員への依存は不正の温床

こういう話をセミナーですると、「うちはうまくやっています」と笑顔で話される社長に出くわすことがある。不正がなければそれに越したことはない。ただし、「うまくやっている」には2つの意味があることを忘れてはならない。ひとつは不正がないこと。もうひとつは**不正に気がついていないこと**だ。

多くの中小企業では、不正をチェックする機能が用意されていないため、被害の発覚に時間を要する。とくに金銭の不正はあたりまえだが隠れて行われるため、時間が経過するごとに不正の証拠が散逸してしまう。人間は最初の悪事には相当の精神的な壁がある。でもいったんうまくいくと、しだいに壁が低くなっていき、しだいに「悪いことをした」という意識が希薄になってくる。最初の動機はちょっとしたことであっても、被害額が雪だるま式に大きくなるのは人間の弱さの象徴だろう。

自社は大丈夫だと考えるなら、経理担当者をちょっと変えてみるといい。経理担当者が青ざめて「急に変更なんてできません。いろいろ整理しないといけないことがあるので」と言い出したら怪しいかもしれない。不正がなくてもすぐに変更できないとなると、企業としてのしなやかさに欠ける。これは経理業務が特定の人に依存しているからだ。この人が体調不良になり急きょ休職することになれば、事業がたちまち立ち行かなくなるかもしれない。

立派な中小企業であっても、意外と特定の人の存在に経営が依存していることが少なくない。特定の人に依存するビジネスモデルでは、その人の能力を超えて発展することができない。人に依存するモデルを変えない限り、不正のリスクはいつまでも消えない。

なぜ不正は経理担当者に多いのか

中小企業における不正は、経理あるいは営業担当者によってなされることが多い。カネや商品を直接外部に動かすことができるからだ。

ある建築資材の卸をしている会社では、営業担当者が在庫を無断で第三者に売却して利益を着服していたことがあった。担当者は理由をつけては現金で取引先から回収していた。取引先は担当者が会社の印鑑のある領収書を持参していたので信頼して取引をしていた。営業担当者は無断で会社の印鑑を利用して、かつ引き出しに入れておいた会社の領収書の書式を利用したにすぎなかった。

はっきり言って、会社の印鑑を社員が自由に触れる環境を作った社長が悪いとしか言えない。カネは企業の血だ。ここを社長が外してはいけない。

話が脱線するが、「経理」という観点からはもうひとつ問題となるケースがある。中小企業では、社長の妻が経理担当であるところが少なくない。社長としては、もっとも信頼できるからということで妻に経理を担当させているのだろう。

この場合には社長が亡くなって事業承継でもめることが少なくない。後継者である子としては、社長として自分の采配で経営をしていく必要がある。そのときに会長と名乗る先代の妻が会社の経理を通じて「待った」をかけてしまうのだ。

後継者としては、新しいことに挑戦したくても自由に会社のカネを使うことができないためにストレスがたまってくる。「なぜ経営を知らない母の同意がないと、事業が進まないのか」という気持ちが日ごとに募ってくる。社員も財布を握る先代の妻の顔しか見なくなる。

妻からすれば、「夫の会社を守る」という意識を持っているからこそ、難しい問題である。親子の対立に発展しないためにも、社長の地位を渡したときには会社のカネも後継者に渡すべきだ。「まだ早い」という意識こそが後継者の成長を阻害する。

実は難しい、不正の被害総額の確定

話をもとに戻すと、中小企業における社員の不正の方法は、それほど複雑なものではない。ビジネスモデルがシンプルだから、不正の仕方もシンプルになる。典型的なものとしては、次のようなものがある。

・通帳から引き出したカネを着服した
・在庫を無断で売却した
・会社の経費で私的な物を購入した

「そういえばうちにも似たようなことがあったな」という読者もいるだろう。文字にすればいたってシンプルなものだから、「なぜ発覚までに時間を要するのか」と疑問に感じられるかもしれない。しかし、**事件というのは、シンプルでありふれたものほどわかりにくい。**かのシャーロック・ホームズも「ありふれた犯罪ほどやっかいだ」と言っている。

「あたりまえのこと」について人はそれを注視しない。

とくに中小企業における不正の場合、一回の着服の金額は大きくなく、数万円から数十万円くらいが一般的である。一回で何百万円も抜いてしまうような事例は個人的にあまり聞いたことがない。

最初は誰しも「大丈夫だろうか」と不安を覚えつつ、ちょっとしたカネに手を出してみる。指摘されても「間違えました」と言い訳できるような金額だ。それで発覚しないと「もう少しなら」となっていく。一度成功するとずるずると長期間にわたり同じようなことを繰り返し、気がつけば多額の金額に手をつけていたということになる。**人間の倫理観はダムのようなもの。小さな穴でも空いてしまうと、一気に崩れ去ってしまう。**

たとえば、10年間で１０００万円がやられてしまったとしよう。１０００万円という金額は大きいが、月にすると約８万円だ。このくらいの金額だと社長もなかなか気がつかない。

このように中小企業の不正は長期間に及ぶため、具体的な被害を確定させることが容易ではない。証拠は時間の経過とともに散逸してしまう。本人としても、嘘を嘘で取り繕ううちに、なにが真実なのかわからなくなってしまっている。被害があるのはわかるのだが、いったいいくらなのかわからないということはよくあることだ。

社長の中には、不明な数字をもって不正による損害とする人がいるが、無茶だ。それでは数字が合わないのは、「すべて経理の責任」と言うのと変わらない。仮に訴訟で損害賠償請求をするのであれば、不正に盗られたとされる金額を特定しないといけない。

訴訟を経験した社長からは「訴訟は割に合わない」という言葉を耳にすることが多い。弁護士としても同感である。訴訟では、弁護士との打ち合わせからはじまって証拠の収集などかなりの手間を取られてしまう。その上、弁護士費用もかかる。「なんで被害者なのに、こんなに負担ばかりかかるのか」というのが当事者の率直な気持ちだろう。

「訴訟をすれば、どうにでもなる」というのは負担を知らない素人の発想だ。訴訟をするのであれば、それなりの負担が社長にもかかることを忘れてはいけない。**とくに中小企業の不正の場合には、不正が長期間にわたり証拠も不足していることがままあるので、訴訟には慎重であるべきだ。**

不正が発覚しても、訴訟に持ち込むのは得策ではない？

では、社員の不正が発覚したとき、社長としてなにをするべきか。具体的に考えていこう。

社員の不正については、ざっくり言って刑事責任と民事責任が問題となる。刑事責任とは簡単に言えば犯罪についてだ。横領、背任あるいは窃盗といったものがある。民事責任とは損害賠償である。社員が不正をした金銭について回復を求めるものだ。

社長の中には、「あいつを刑事告訴する」と眉間《みけん》にしわを寄せて口角泡を飛ばして相談に来られる人もいる。「刑事事件にするのはあまりお勧めしません」と回答すると、肩透かしを食ったような目をされる。違法な行為に対して刑事責任を追及するのはしかるべきことだろう。でも、社長にとってはメリットがあるとは考えにくい。

「刑事告訴すれば、あとは警察がすべてやってくれる」というのは大きな間違いである。資料の整理をはじめとして、捜査に協力しなければならない。その中では会社の帳簿の提出も求められ、人と時間をとられてしまう。刑事責任を追及して社員が服役などしても、被害の回復にはつながらない。むしろ社員の不正が周囲に発覚すれば、銀行をはじめとして「社長はどういう管理をしているのか」と言われ、社長の恥をさらけ出すようなものである。社長の役割はなにより会社を守ることであって、自分の正義を突きつけることではない。

会社としてなにより大事なことは、被害の回復だ。不正に失われた被害を社員に支払ってもらわなければならない。**このとき確実に支払ってもらうためには、「赦《ゆる》し」を与えることが必要だ。**

人は、法ではなく、情で動く。いくら示談書を作成し保証人を設定しても、逃げるときには逃げる。でも、「社長は刑事責任に目をつぶってくれた」となれば、「その義理を尽くさなければ」という気持ちになる。これまで関与してきた事例では、私はこうやってすべて返済してもらっている。

このようなやり方には批判的な意見もある。とくに多いのが「刑事責任に目をつぶるのは問題を再発させるだけだ」というものだ。私もそういう批判があるのはわかっている。でも、「君のそういうところが好きだから顧問になってほしい」と話される社長もいる。多くの社長は、特定の社員を糾弾したいなんて考えていない。**仮に刑事責任について目を**

つぶったことで不正が再発したのなら、そういう会社にしてしまった社長の責任である。会社が消えてなくなるのも仕方ない。

不正を犯した社員との向き合い方

社長が不正をした社員と話をするときに絶対にやってはいけないことがある。それは正義を正義として振りかざすことだ。これについて私の忘れられない失敗談を書いておく。

まだ駆け出しのころ、ある食品加工会社で社員の不正について依頼を受けたことがあった。事案としては、社員による在庫の横流しだった。失敗が許されないと肝に銘じて資料を読み込み、あらゆる状況をイメージして社員との面談に臨んだ。理路整然と不正を問いただすと、相手は黙ってうなずいた。私は自分の正義が勝ったと悦《えつ》に入っていた。淡々とかつ確実に相手の反論の余地をつぶしていき、あとは返済をどうやっていくのかについて話を進めるところだった。すると、突然社員が声を荒らげた。

「若いあんたに何がわかる。社長は高級外車に乗って、接待と言っては、平日にゴルフに飲み会。こっちは安い給与で子どもらの進学費用も十分にまかなえない。自分の家族のために働いているのか、社長の家族のために働いているのかわからない。それでも我慢して働いてきて、売上が悪いと批判される。この惨めさがわかるか。人を問い詰めて楽しいか」

予想しない展開にさすがに言葉を失ってしまった。同時に自分の愚かさを身に染みて感じて情けなかった。正義とは、常に一人称である。人は自分の正義に酔ってしまい、周りが見えなくなる。自分の正義を語ることは、誰かを傷つけることにもなることを忘れてはいけない。中小企業の社長には、社員がどのような状況にあったとしても、一条の赦しを与える存在であってほしい。それが私のお手伝いしたい中小企業の社長像である。

不正が発覚した社員には、基本的に会社を去ってもらっている。本人としても小さな会社で働き続けることは針のむしろだろうから、退職を求めることが多い。社長のなかには、退職ではなく、懲戒解雇を希望する人もいるが、私は不正が発覚した社員についてもできるだけ「自主退職」という扱いを認めるようにアドバイスしている。

日本では、解雇について厳格に解釈されており、簡単に認められるものではない。懲戒解雇にすると、不正のレベルに応じて懲戒内容として重すぎると争われることもある。将来の争いを防止する観点からすれば、「社員が去っていく」という意味では同じなのだから、懲戒解雇にこだわる必要はない。懲戒解雇にすると再就職も難しくなる。再就職ができなくなると被害弁償もできなくなる可能性がある。**社長としては、腹が立つかもしれないが、ここは長期的な視点から耐えてもらうところだ。**

被害額の賢い回収方法

社員の進退が決まったとして、残るのは被害の回復をいかに確実に履行してもらうかだ。そもそもカネがなくて不正に手を染めたわけだから、一括返済は期待できない。「家族や銀行から借金して返済しろ」と口にする社長もいるが、現実として周囲から被害弁償のための支援を受けることができるケースはあまりない。多くのケースでは、やむなく分割で返済してもらうことになる。とくに退職した社員は行方不明になるなど、回収できなくなるリスクが高くなる。

そこで、いかに確実に返済してもらうかについて、知恵を絞らなければならない。

方針としては、返済方法を取り決めて公正証書を作成することになる。

返済方法を取り決めるときには、社員にとって無理のない返済計画でなければならない。

いくら社長が「毎月もっと返済してくれ」と言っても、ない袖は振れないし、すぐに破綻してしまう。

資力のない人から債権を回収するときの鉄則がある。それは「一日でも早く返済をはじめてもらう」ということだ。「資力がない」ということはいつ破産されるかわからない。破産せずとも「カネがありません。すみません」で終了してしまうこともある。ということであれば、現実的に細かな話でいつまでも返済が開始しないよりも、まとめられるところを早めにまとめてしまって返済をスタートしてもらったほうが会社にとってもよい。

最悪のケースは、社長が返済にこだわって訴訟になった挙句、時間ばかりかかってまったく回収できないというものだ。判決による強制執行といえども、相手に資産がなければ無意味。社長は立派な判決書と弁護士からの請求書だけを手にすることになる。

この「強制執行」というのは誤解の多い言葉だ。強制執行すれば回収できるわけではない。相手に資産があれば「回収できるときもある」というのが正しい。中には「強制執行で身ぐるみ剥《は》がしてやる」と息巻く社長もいるが、そんなことはできない。

そもそも強制執行をするためには、相手の所在を把握しておかなければならない。そこで**返済方法を取り決めるときには、相手の居所、連絡先及び勤務先が変更されるときには**

通知してもらうことも取り決めるようにしている。これは将来の強制執行を見越しての取り決めだ。勤務先まで把握するのは、必要があれば給与の差押えができるからだ。勤務先は調べるのが難しい。

ここを押さえておくことは、債権回収を確実にする上でのポイントになる。ちなみに給与を差押えすると、勤務先から給与の一部が直接差押えした者に支払われる。

連帯保証人からの回収は難しい？

債権の確実な回収のためには、連帯保証人も必要だろう。社長としても連帯保証人を求めることがよくある。だが、少なくない数の社長が連帯保証人の設定で失敗している。

中小企業の社長は、会社が銀行から借入をする際に自ら連帯保証人になっている。「会社と自分は一蓮托生《いちれんたくしょう》。その日が来れば身ぐるみ失う」くらいの覚悟をもって連帯保証人欄に署名捺印しているだろう。

でも、一般の人はそんな覚悟をもって連帯保証人になっているとは限らない。「親族に頼まれて」とか「迷惑をかけないと言われたから」という素朴な意識からだろう。このように前提となる意識がそもそも違う。

連帯保証人を設定する場合には、ただ設定すればいいというわけではない。**返済資力のない人をいくら連帯保証人として設定しても意味がない。**社長としてやりがちな失敗事例を挙げてみよう。

たとえば、不正をした社員の配偶者を連帯保証人にする場合である。不正をする社員は世帯全体の生活が苦しいために不正に手を染めていることが多い。配偶者の収入も安定していないことが珍しくない。配偶者を連帯保証人にする場合は、安定した収入があるのか確認するべきだ。

「家族」という点では、不正をした社員の親も連帯保証人としての適性があるか疑問だ。親心として「せめて子どものために」という気持ちになるかもしれないが、返済できるかどうかは別の問題だ。高齢者の収入である年金は生活費としての性格もあるため、強制執行ができない。高齢者の貧困が社会問題になっている現状を考えれば、親を連帯保証人にしても回収は難しいだろう。

したがって、**現実的なところで連帯保証人として適性があるのは、若くてきちんとどこかで勤務している人だ。**とくに自営業者ではなくて勤務している人がいい。勤務している人であれば、支払いが滞れば給与の差押えをすることができる。これに対して自営業者には給与というものがない。あるとすれば売掛金や報酬金である。どこに債権があるのかなど当事者でないとわかるはずがないから差押えできない。

この「連帯保証人」について忘れられない事案がある。あるサービス業の男性が、子どもの進学費用をまかなうために不正に手を染めて４００万円近くの被害になった。妻はパートで安定収入はなく、会社としては連帯保証人として適性があるとは言えず、合意ができない状況であった。同時に誰しもひとりだけ候補者がいることに気がついていた。誰しもその言葉を言い出せないまま、時間が経過した。そして意を決した社長がひとことロにした。

「息子さんを」

夫婦にとっては、まさに手塩にかけた自慢の息子だった。彼としては、絶対に事実を明らかにしたくなかっただろう。社長も彼の気持ちはおそらくわかっていた。それでも社長には「会社を守らなければならない」という責任がある。夫婦は事実をすべて明らかにして、息子を連帯保証人にした。彼にとっては、ここまで責任の重い連帯保証人はいないだろう。彼は退職後一日も遅れることなく返済をした。親の愛に勝るものはない。

なお、保証人の責任については、民法改正の影響を受ける分野であるため、注意していただきたい。

話し合いの内容は忘れずに公正証書にしておく

社員との話し合いがついた場合、書面で内容を取り交わしておくことを忘れてはならない。書面がなければなにも決まっていないことと同じだ。とくに決まった内容を「公正証書」というカタチにしておくことは有効だ。公正証書のメリットは、支払いがなされなくなったときに訴訟をすることなく、強制執行することができることだ。作成費用はかかるが、将来のリスクを考えれば作成しておくほうがよい。

こういった書面の作成は、弁護士に依頼することをお勧めする。自分で作成するととなると不備のあるものができてしまい、後々問題になる。

社員の不正を目にすると、たじろぐ社長も少なくない。豪胆な社長が「なにを信じればいいのか」と口にしたこともある。それでも中小企業の社長は歩みをとめることはできない。それが「社員の人生を背負う」という意味だろう。

4

間違いだらけの労災への対応

~労災事故のリスクへの対応は労災を起こさない工夫~

労災保険に入っていても訴えられる？

労災事故とは、簡単に表現すれば勤務中に発生した事故のことである。社長であれば、労災事故についてざっくりしたイメージは持っているだろう。でも、正確に理解している人はそれほど多くはない。

そもそも「労災事故の賠償金はすべて労災保険でカバーされる」と認識しているとしたら、それは制度を理解していないことを意味する。**労災保険に加入していても会社が訴えられてしまうケースは珍しくない。**「うちはこれまで訴えられたことはない。これからも大丈夫だろう」と思う社長がいれば、それは単に被害者である社員が請求できることを知らなかっただけかもしれない。「労災事故　損害賠償」でネット検索してみると、たくさんの記事を見つけることができる。「これから」は「これまで」の延長線上にあるわけではない。

労災事故はなにより発生しないような工夫をすることだ。**とかく労災事故については、事後的な対応ばかりに目が行きやすいが、根本は予防策である。**この視点を外していると、いつまでも労災事故のリスクから解放されない。

労災で会社が負うべき2つの責任

労災事故が発生した際には、ざっくり言って、行政上の責任、刑事上の責任及び民事上の責任を検討していく必要がある。構造的には自動車の交通事故に近いものがある。ここでは、民事上の責任について整理していこう。

民事上の責任を考える上では、**「損害賠償責任」**と**「労災補償責任」**という言葉を整理することからはじめるといい。

①　損害賠償責任

社長にとっては、「損害賠償責任」という言葉はなじみがあるだろう。交通事故においても被害者が加害者に請求するときには損害賠償責任を追及することになる。**損害賠償責任のポイントは、加害者による故意・過失が必要ということだ。**たとえば、自分で運転してミスをして怪我をしたとしよう。このとき、被害者は自分でミスをしたのだから誰にも損害賠償請求できない。

これは労災事故でも同じだ。会社に過失があれば、被害者である社員は会社に損害賠償請求をすることができる。会社の過失のなかには、会社が雇用している他の社員の過失も含まれる。たとえば、C社に勤務するAが同僚Bのフォークリフトの操作ミスで怪我をしたとする。このときAはBを雇用しているC社に対して損害賠償請求をすることができる。このように損害賠償というのはイメージしやすいだろう。

②　労災補償責任

もっとも、勤務中の事故というのは、必ずしも加害者の行為があるとは限らない。たとえば、水産加工場で包丁を扱っている人が間違って自分の指を切ってしまうこともある。

このとき「自分でやったことだから」と、治療費も何もかも自腹となれば、労働者として安心して働くことができない。

そこで勤務中の事故で発生したものについて広く会社の責任を認めたものが労災補償責任である。損害賠償と違って、過失があろうがなかろうが関係なく会社にかかる責任だ。

労働者保護のため、労災補償責任は、会社の責任として損害賠償責任より対象となるケースが広い。守備範囲が広いために会社として負担する責任の大きさに制限が加えられている。「会社としてここまで負担すればいいですよ」という上限が決められているというイメージだ。損害賠償責任では守備範囲が制限されているため、負担する責任の大きさに限界はない。発生した損害は基本的にすべて負担することになる。

労災保険ですべての責任がカバーされるわけではない理由

損害賠償責任と労災補償責任は、守備範囲と責任の大きさによって相互補完の関係にあるようなものだ。社員は、損害賠償責任と労災補償責任をともに請求できる場合もあるが、二重取りできるわけではない。両者には調整規定がある。

会社の負担する労災補償責任については、基本的に公的保険である労災保険によりカバーされる。労災補償責任の大半は労災保険で対応されるので、社長として会社の負担というイメージが少ないのかもしれない。これが「労災事故は労災保険に加入しておけばいい」という誤解を生む原因になっている。

損害賠償責任は労災保険の対象にならないため、会社が負担しなければならないものだ。会社の負担する損害賠償の内容について話を進めてみよう。

損害賠償責任として請求されるものは、労災補償責任で補償されない部分のものだ。主に慰謝料と逸失利益になる。慰謝料とは、精神的苦痛に対する賠償である。逸失利益とは、後遺障害による将来の収入減としての損害のことである。

慰謝料については、労災保険としては一切出ない。逸失利益については、労災保険では一部しか出ない場合がある。慰謝料や逸失利益については、交通事故の事例を基礎にして損害額を算出して請求を受けることが多い。労災事故も交通事故も「過失」を前提にしている点では同じだからだ。

慰謝料については、**傷害慰謝料**と**後遺障害慰謝料**に大別される。傷害慰謝料というのは、怪我をしたことによる慰謝料であって、入院・通院の期間を基礎にして算出されることが多い。後遺障害慰謝料とは、治療をしても治癒せず、後遺障害が残存したことによる慰謝料であって、後遺障害の程度によって相場がある。たとえば、人差し指を失ったら420万円、固定化された神経症状があれば110万円といった後遺障害慰謝料が認定されていくことになるだろう。

逸失利益については、予想される将来の収入、後遺障害の程度を加味した上で算出されていく。

たとえば、A社に勤務する大卒B（男性33歳・年収360万円・既婚）が、同僚の機材操作ミスで右手の親指を失ったとしよう。Bは2カ月の入院と6カ月の通院を経て復帰した。

このときA社が負担する損害賠償金について検討してみよう。

慰謝料については、傷害慰謝料180万円、後遺障害慰謝料690万円の合計870万円がひとつの基準になるだろう。逸失利益については、約2040万円がひとつの基準になる。あわせれば、約3000万円という金額になる。もちろん、これはあくまで想定であって、逸失利益の一部については労災保険から出るし、被害者自身にも過失があれば「過失相殺」といって減額されることもある。

いずれにしても、わかっていただきたいことは、会社としても相当の負担になるということだ。先の事案でBが死亡したら慰謝料だけでも2800万円くらいにはなる。

事故が起こってからでは遅い、労災事故への備え

先の事案はシンプルにしてあるが、実際のケースでは、会社としての過失があるのか、被害者にも過失があるのではないかなどが争われていくことになる。とくに建築現場などでは、関係する会社が多いため、誰がいくら責任を負担するかでもめることもよくある。

こういった労災事故のリスクはできるだけ低減していかねばならない。それでも人がやることなので、いくら注意してもリスクをゼロにすることはできない。**リスクを抑えつつも、リスクが実現したときの対策を打っておくことが社長の役割である。攻めることしか知らず、守ることを忘れた経営は、リスクに対してあまりにもろい。**

労災事故における対策は、なにより保険への加入だ。労災保険だけではなく、損害賠償にも対応する民間の保険には加入しておいたほうがいい。中小企業が何千万円ものキャッシュを自社で工面するのは簡単ではない。しかもキャッシュが一気に出ていくので、資金

繰りも悪化することになる。

安心して経営の采配をするためには、保険でカバーできるところは保険でカバーするべきだ。中小企業の経営者は、リスク対応としての保険の活用が概してうまくない。もっと勉強して効果的に活用してもらいたい。変な節税対策のために資産を購入するよりもよほど効果的だ。

社長が保険に対して意識が向いているかどうかを判断する簡単なテストをご紹介しよう。マイカー通勤や自転車通勤を認めている会社は多いだろう。そういった従業員の方が本当に任意保険に加入しているか、会社として毎年証券の写しなどで確認しているだろうか。社員の「加入しています」という言葉だけで信用していないだろうか。「通勤途中に事故を起こしたが、実は保険加入していなかった」というケースは珍しくない。

社長が保険に対して意識を向けていれば、回避できたことである。これを機会に、会社と社長個人の保険関係を見直していただき、リスクに対して万全な状況をつくっていただきたい。

第5章

社員がうつ病になったとき、どうするか

「社員がうつ病で長期離脱している。どうしたものか」

こういう相談がこのところ増えている。中小企業でも10社に1社くらいは社員がうつ病をはじめとしたメンタルヘルスに支障をきたして休職しているケースがあるような印象を受ける。

即断即決を旨とする社長でさえ、「うつ病」という言葉を耳にするだけで、たじろいで身動きが取れなくなってしまうときがある。なにから手をつければいいのかわからないまま、「様子を見よう」ということになり、いつまでも状況が変わらない。膠着《こうちゃく》状態が続いた挙句に社長が判断を誤ってトラブルになることがある。

典型的なのは、長期間の離脱を理由にした退職の勧めに応じないから解雇するというものだ。こんなことでは明らかな不当解雇になってしまう。病気のために苦しんでいる社員にさらに精神的苦痛を与えることになりかねない。

社員のうつ病について、社長の対応が後手に回る理由は3つある。

①個人のプライバシーに関わる部分として問題を先送りしてしまう

個人の病歴といったものは、プライバシーに直結するものであり、誰しも隠したいものだ。これがうつ病をはじめとした精神疾患であれば、なおさら「周囲に知られたくない」という気持ちにもなるだろう。社長としては、そういった個人のデリケートなところにどこまで介入していいのかわからない。

たとえば、「様子がおかしいから精神科に行ってみたら」とアドバイスしたら、かえって機嫌を損ねるのではないかと危惧する。結果として「なにもしないことがとりあえずいいだろう」ということになり、問題は先送りになってしまう。

②うつ病の原因が会社にあるのかわからない

うつ病については、その原因がはっきりしない。これが作業中に骨折したというのであれば、仕事と骨折の関係は一目瞭然だ。会社としては労災事故として対応していくことになる。しかし、うつ病の場合には、それほど簡単ではない。仕事の負担が原因かもしれないし、あるいは家庭の事情が原因かもしれない。いずれの事情も合わさってのことかもしれない。原因を特定しようにも、「かもしれない」という部分があまりにも多い。その上、個人差の影響もある。打たれ強い人もいれば、そうでない人もいる。

③社員がうつ病になったときの方針を決めていない

社長として社員がうつ病になったときの方針を事前に決めていないことも指摘できる。できる社長は社員がうつ病になったときのことを想定して就業規則を刷新している。「うちの会社にうつ病の社員はいないから」と高を括っている社長は、就業規則も古いままで社員がうつ病になったときにまったく役に立たない。仕方なく場当たり的な対応しかできず、終いには感情的な対応をして訴えられる。「今まで大丈夫」は「これからも大丈夫」にはならない。

社員がうつ病になったときの対応は、事前に就業規則で決めておくことに尽きる。事後的に「うちではこういうふうにするから」では、社員も安心して治療を受けられない。

「社員がうつ病になったから退職してもらう」というのは、社長の姿勢として絶対に間違っている。うつ病は誰もなりたくてなるものではない。社員を守ることが社長の役割であるから、うつ病の社員も可能な限り守らないといけない。仮にやむを得ず退職となる場合でも、できるだけのサポートをしてあげるのが社長としての役割だろう。

この章では、労災認定されていない社員のうつ病について社長としての対応を解説していく。社長からは労災認定されていないケースの相談が多いからだ。ポイントになるのは、休職期間中の対応と復職における対応についてである。とくに復職については争いになることが多いところだ。

社長として「我が社ならどうするか」を考えていただきたい。

1

デリケートなうつ病への対応

~デリケートだからこそ就業規則への明記が必要~

社命で精神科を受診させることができるか?

「咳《せき》が続くけど大丈夫か。病院に行ってみたらどうか」

このくらいの話であれば、どこの中小企業でもよくあるものだ。でも、これが「ちょっと調子悪いようだけど、精神科なり受診してみたらどうか」となるとどうだろうか。社長としても一瞬たじろぐかもしれない。社員から「なんで病人扱いするのですか」と、かえって「名誉毀損だ、侮辱だ」と批判されるかもしれない。言うべきかどうか悩んでいるうちに、社員の状況は日々悪化していく。

これはいわゆる受診命令を会社として出せるのかという問題である。一般的には就業規則に明記されていなくても、受診を命じることはできるとされる。それでもやはり就業規則に書いてあれば、自信を持って受診を求めることができる。この〝自信を持って〟というのは意外に大事なことだ。

メンタルヘルスに関わるものはデリケートな問題である。その場その場で検討しないといけないとなると、自信を持った対応ができず社長にとってもストレスになってしまう。「就業規則にこう定めてあるから」と根拠を示すことができれば、社長としてもストレスが軽減され、自信を持って説明できる。根拠もなく、「とりあえずこうしました」というのは社員からの不信感にもつながり問題になりやすい。

御社の就業規則には、うつ病への対応が書かれていますか？

就業規則は、会社と社員のルールである。社員がうつ病になったときにどのように対応するべきか定められているか確認していただきたい。とくに確認していただきたいのは、復職する場合の扱いだ。「読んでもよくわからない」というのであれば、就業規則としての意味がない。いまだに社員のうつ病に対応していない就業規則が少なくない。それではルールがないのと同じである。会社の見解を主張するのが難しくなる。

ルールは事前に決まっているから意味がある。社員がうつ病になった段階でいきなり就業規則を整備したら、事後的にルールを定めるようなもので社員から反感を買うのは必至だ。法的にも無効という判断がなされる可能性が高い。したがって、就業規則は社員がうつ病になっていない段階で整備しておかなければならない。

多くの社長はセミナーなどに参加して納得しても、「いい話を聞いた」で終わってしまい、実際の行動に至らない。「これまでうつ病の社員なんていないから大丈夫だろう」という意識があるのだろう。だから、いざ社員がうつ病になると、あわてることになる。

社員がうつ病になるかどうかなど誰にもわからないことだ。だからといって、わからないからコストをかけてまで就業規則を見直さないという考え方は間違っている。**できる社長は、わからないところだからこそコストをかけて対応を決めている。**

就業規則に関して言えば、社員への周知も必要だ。いくらルールを作っていても知られていなければ意味がない。「就業規則を作りました。社員にわからないよう金庫に保管しています」では就業規則としての効力もない。就業規則を変更するのであれば、専門家に依頼して手続を踏んだ上で社員への周知を徹底しなければならない。裁判では、就業規則を事務所内の誰でも手に取れるところに置いていたとしても、「そんなものはなかった」と争われることがある。周知をした記録も確保しておくべきだ。

うつ病が治癒したかどうかの客観的な判断は難しい

社員がうつ病になり、仕事が難しくなれば休職になる。社員の治療をしっかりフォローするのも社長の役割だ。

うつ病は、治療期間が長期間に及ぶ傾向がある。いったん改善したとしても、再発する可能性がある。仕事から離れると元気だが仕事になるとうつ症状が出てしまうということもあるようだ。

うつ病については、骨折などと違って治癒したかどうかについて客観的に判断することができない。基本的には本人からの聞き取りなどによって症状を判断せざるを得ない。これは復職の時期についても影響してくる。「軽微な仕事なら可能」という診断書が提出されるときがあるが、なにをもって軽微な仕事なのかは判然としない。

とりあえず社員が無理せずできる仕事が軽微な仕事とされるときがある。これではトートロジーのようなものであって、解決にはなっていない。

社長としては、このようなうつ病の特性を理解した上で、対応を検討していかなければならない。

うつ病で休職中にパチンコに行った社員を懲戒できるか？

休職期間に関してポイントになるところに説明を加えよう。

休職期間中の給与については、就業規則の定め方による。無給となっている場合が中小企業の場合には多いだろう。社員としては、申請すれば加入する健康保険から傷病手当を受け取ることができる。**無給であったとしても、個人負担の社会保険料は発生する。**会社としては、この点もあらかじめ通知して支払い方法を確認しておく。社員のなかには、「無給なのに社会保険料の支払いを求められるのはおかしい」と苦情を述べてくる人もいる。

休職期間終了時のことも忘れずに説明しておくべきだ。いつまで休職期間があるのか。休職期間中に復職できなかったらどうなるのか。社員の地位にも関係することであるから事前に説明しておくことが社長の責任だろう。いきなり「休職期間中に復職できなかったから退職です」と言われたら、誰でも驚くし怒りもする。

休職期間中の社員の状況は、会社としても把握することができない。社員の状況を把握しておくことは、社員の復職を検討する上でも必要なことだ。**社員には定期的に状況を報告してもらうように伝えておこう。**

こういったことは「そんなこと聞いていない」と社員から事後的に批判されないために休職開始時に書面で伝えておくべきだ。

休職期間に関する相談でときどきあるのは、「うつ病で休職している者が平日にパチンコに行っていた。懲戒できるか」というものだ。社員は、休職により労働の義務から解放されているのだから、パチンコに行っても問題にならない。したがって、こういう場合には懲戒することはできない。

かつて上司が休職期間中の部下のことを思うばかりに、熱心に復職を促した行為が違法とされ、損害賠償が認められた判例もある。

社長は、休職期間については、社員が治療に専念する期間ととらえるべきだろう。

2

「復職できるか」、それが問題だ。

〜復職を決めるのは、本人？ 医師？ それとも会社？〜

休職期間を過ぎても復職できない社員は解雇できる？

社員がうつ病で休職した場合にトラブルになりがちなのは、復職に関するものだ。中小企業の就業規則では、休職期間として3カ月程度を設定しているところが多いだろう。この休職期間中に治癒して復職すればいいのだが、なかなかうまくいかないこともある。3カ月の休職期間を経過してもうつ病が治癒しないときには、どのようにしたらいいのだろうか。ここでは就業規則における復職の定め方がポイントになる。

労働関係に意識の高い社長は、就業規則において「休職期間を満了しても復職できない場合には退職とみなす」という趣旨の規定を入れている。この「自然退職規定」があれば、休職期間が満了しても復職できない場合には退職という扱いになる。

余談であるが、中小企業では、社員がいきなり出社しなくなり、連絡もつかない状況になることもある。社長としては、退職として扱っていいのかどうかわからなくなってしまう。こういう場合を見越して、「根拠なく2週間以上欠勤した場合には退職とみなす」という規定を入れておく場合もある。

話を戻すと、個人的には、うつ病の社員に自然退職の規定だけを根拠にして退職してもらうのはあまり好きではない。これまで会社のためにがんばってきた社員を会社の論理だけで退職してもらうという印象をぬぐい切れないからだ。**自然退職の規定は、就業規則に定めつつも最後の手段としている。**

復職が難しいというのであれば、できるだけ話し合いをした上で退職できないか検討する。その場合、私は社長と協議の上、退職金のほかに幾ばくかの経済的支援もするようにしている。「会社の代理人なのに、なぜする必要もない経済的支援までするのか」という意見もあるかもしれないが、個人的には、そういった経済合理性だけの意見には賛同しかねる。人は物ではない。

子どものころ、祖母が「そんなことしたらバチが当たるよ」とよく口にしていた。子どもの時分には意味がよくわからなかったが、弁護士として事件にかかわるようになり、祖母の言葉の大切さを噛みしめている。労働事件でも同じだ。社長が自分の利益だけで動いていたら、いつかめぐりめぐってバチが当たるだろう。

自然退職の規定がない場合、社員は定年まで地位を維持することになる。できることとすれば、退職を勧めて社員の同意を得た上で退職してもらうことくらいだろう。社員が退職しないからといって解雇すれば、不当解雇になってしまう。

社員から申出があれば、復職させなければならない?

これまでは休職期間満了時に復職ができなかった場合について整理してみた。それでは休職期間満了前に社員から復職の申出があったときに話を進めてみよう。

社員からは、「軽微な仕事であれば可能」と書かれた診断書が提出され、復職を求められることがよくある。でも社長としては、まだ現場で勤務してもらうほどには回復していないと感じられる。このようなとき、社長が根拠もなく復職を認めない場合には、裁判で復職を認めないのはおかしいとして争われることになる。これは復職を決めるのは誰かという問題だ。会社なのか、社員なのか、あるいは医師なのか。**整備された就業規則では、復職については医師の意見を聞きつつ会社が判断すると明記されている。**このように明記されていれば、会社が判断することができる。担当医の意見があったとしても、あくまで「参考資料」という位置づけになり、会社の判断を拘束するものではない。復職が認められず休職期間が満了すれば、「自然退職規定に基づき退職」ということになる。

もっとも会社が復職を判断できるといっても、恣《し》意《い》的に判断できるわけではない。事後的に争いになったときに、復職を拒否した理由をきちんと説明できなければならない。復職を判断するためには、できるだけ多面的に情報を集める必要がある。

社員の担当医は、あくまで社員からの情報をベースにして復職についての意見を整理することになる。会社での具体的な業務内容まで正確に把握した上で意見を述べたものであるか判然としないときもあるだろう。できれば、他の医師の見解も聞きたいところである。そこで就業規則においては、「社員に対して会社の指定した医師による診断などを求めることができる」と定めておくといい。

こういった復職について就業規則で具体的な定めがない場合には、基本的に社員の申出に応じて復職を認めざるをえないだろう。

社長が行うべき、復職しやすい環境づくり

就業規則の内容がどのようなものであれ、社長としてはできるだけ社員が復職できるような環境づくりに配慮するべきだ。経営の根幹は慈《いつく》しみであるべきであろう。

最近では、社員の復職の支援のためにリハビリ出勤という制度を取り入れている会社もある。簡単に言えば、**正式な復職の前にとりあえず会社に来て様子をみるというものだ。**あくまで様子を見るためのものであるから、仕事をさせるわけではない。復職の支援という観点からすれば取り入れてみるといい。

この制度を導入する場合には、就業規則においてリハビリ出勤があくまで休職期間中のものであって勤務でないことをはっきりさせておくようにしている。ここが曖昧だと「賃金の負担はどうなる」「怪我したら労災になるのか」などの問題が出てくる。

その場限りの対応では、社員も安心して仕事をすることができない。社長には社員がうつ病にならないための環境づくりと復職への支援体制をしっかり組み立てていただきたい。

第6章
もめない解雇・退職の進め方

「解雇なんてしてはならない。トラブルの原因でしかない」というのが私の持論だ。
日本では、解雇ができる場合が極めて限定されている。中小企業の社長は、解雇がどのような場合にできるかを理解しないまま、「会社の方針に合わない。退職しないなら解雇だ」とやってしまいがちだ。すると、社員の代理人弁護士から「不当解雇だから復職を求める」という内容証明が届くことになる。

相談に来られた社長には、「これって普通解雇ですか、懲戒解雇ですか」と質問してみる。すると、それまで堰《せき》を切ったように能弁に話していた社長が隣にいる人事担当者の顔を見る。人事担当者もよくわからない。社長は割り切った様子で「解雇は解雇ですよ」と話される。この時点で「おそらく不当解雇だろうな」と見当がついてしまう。普通解雇と懲戒解雇の違いの理解も曖昧なまま、解雇なんて普通はできない。

解雇とは、社長の判断で一方的に労働契約を終了させるものである。解雇によって社員は生活の糧をいきなり奪われてしまうことになる。**社長が解雇をするには、手順を踏んで慎重に慎重を重ねた上でなさねばならない。**

にもかかわらず、いまだに「解雇するには1カ月分の給与を払えばいいのだろう」と誤解している社長がいるから驚く。そういう社長は「1カ月分の役員報酬を支払うから、社長を辞めてくれますか」と要求されたらどう感じるだろうか。

1カ月分の給与を支払うというのは、解雇が認められるための要件のひとつでしかない。「支払えばそれでいい」というものではない。他にも「解雇なら退職金はすべて支払わなくていい」というのもよくある誤解だ。

不当解雇だというのが社員の主張だと、訴訟の時間とコストがかなりかかる。解雇は、根拠が明確かつ手続もしっかりしていなければ、不当解雇として無効になる。解雇が無効になれば、いったん解雇した社員が復職することになる。それを避けたいのであれば、相当の金額を支払って退職してもらうことになる。

この章では、中小企業が不当解雇として争われたケースを想定して、解雇の危険性を説明していく。ざっくりしたイメージを持っているだけでも、解雇に対する意識が違ってくるはずだ。

解雇ができないとなると、できるだけ話し合いで退職してもらうほかない。退職には、社員が自分の都合で退職する自己都合退職と、会社の都合で退職してもらう会社都合退職がある。会社が社員に退職を勧めること自体は退職勧奨といって、違法なことではない。ただし、退職勧奨のやり方によっては違法という評価を受けることもある。

そこで本章では、社長として気をつけていただきたい退職勧奨のやり方について説明を加えておく。あたりまえのことだが、「すまないが、会社に合わないから退職してくれ」では誰も納得できない。「わしが退職を勧めれば、退職するよ」と自信満々の社長に限って、退職勧奨に失敗した上、無茶な解雇をして裁判になってしまう。

退職の場面では、「社員がライバル会社に転職するらしい。取引先を奪われないようにしたいのだがどうすればいいか」という相談もある。中小企業の場合、売上は商品ではなく「人」についている。人が動けば取引も動く。さりとて社員には職業選択の自由もある。この点について実務的な対応も説明しておこう。

1

解雇はやっぱり、ハードルが高い

～問題社員の「指導」の証拠は書面で残す～

解雇したくても簡単にできない日本の事情

「ワンマン社長は気に入らない社員がいるとすぐ解雇する」と言われることがあるが、イメージ先行でしかない。ワンマン社長でも思いつきで解雇することはない。社員にとって「解雇」という言葉の意味は重いが、それは社長にとっても同じだ。

とくに中小企業の社長にとって、社員は家族のようなものである。気軽に解雇できるようなものではない。いろいろ悩んだ挙句にやむなく解雇するのが一般的だ。感情的になっていきなり解雇したように見える場合であっても、その前提となる事実がいろいろあってのことだ。

やむを得ず社員を解雇する場合、絶対に専門家の意見を事前に聞いておくべきだ。そして、専門家からの意見は「これでは解雇できません。退職を勧めるか、様子を見ましょう」というものが多いだろう。それほど解雇とは難しいのだ。

就業規則では解雇についてどのように書かれてあるのか、解雇理由ははっきりしているのか、他に手立てはないのか、などを一つひとつ確認していく必要がある。「これなら大丈夫だろう」と考えて解雇しても、不当解雇として争われるケースも珍しくない。

日本で解雇が厳しく制限されているのは、日本の労働のあり方が影響している。日本的労働の特徴として、長い間にわたって終身雇用と年功序列があった。入社したてのころは、能力に比較して賃金が高い。しだいに経験を積んでいくと、あるところで能力が賃金を超えることになる。さらに時間が経過すると、再び年功序列により能力に比較して賃金が高くなる。このように日本では、終身雇用を前提に能力と賃金のつじつまを合わせてきた。

会社が社員を解雇すれば、この全体としての賃金と能力のバランスが崩れてしまう。社員としては、能力に見合った賃金をもらっていないにもかかわらず会社から離れることになり、損失が出てしまうことになる。そういうアンバランスをなくすために、日本において解雇は厳しく制限されている。

解雇したら、内容証明が届くことは覚悟すべき

ここでは解雇についての細かい説明は割愛する。むしろ解雇が争われた場合の流れについて説明しよう。

すべては「今日をもってあなたを解雇する」という社長の一言からはじまる。なんとなく後味の悪い気持ちでいると、2週間後くらいに解雇した社員から「手続に必要なので、解雇理由証明書をください」と連絡が来る。解雇理由証明書は解雇の理由を記載したもので、会社として発行しなければならない。

実際には、この段階ですでにその社員は弁護士に相談して、解雇理由証明書を用意するようアドバイスを受けているだろう。会社を警戒させないために、あえて社員経由で提出を求めることがある。

社員としては、会社が事後的に解雇ではなく、退職を主張されると対応に困る。そこで、「解雇」であることを確定させるためにも、解雇理由証明書を求める。

しばらくすると、会社に社員の代理人弁護士から内容証明が届く。内容は「解雇が不当

だから職場に戻せ」というものだ。関連して就業規則などの資料の提出を求められる。社長としては、いきなりの内容証明であわてて知り合いを通じて弁護士を探すことになる。どこかに会社側に立って担当してくれる弁護士がいないかと。

グーグルで「弁護士　不当解雇」と検索すると、検索結果数として何十万件も表示される。最近では相談料無料という法律事務所も珍しくない。**社員が解雇について弁護士に相談することはあたりまえの時代になっている。**

社長としては「自分の解雇は正しい」という認識だ。社員が復職を求めたからといって、「はい、わかりました」というわけにもいかないだろう。弁護士には復職に応じられない旨を回答することになる。同時に、これは裁判がはじまることを意味する。社長は、会社側の代理人と事前に協議して大まかな方針を決めていくことになる。

「どうなるのだろう」という一抹の不安を抱きながら待っていると、1カ月後くらいに裁判所から書面が会社に届く。書面には「労働審判申立書」という文字があり、専門用語がつらつらと書いてある。他には、裁判所に来るべき期日が記載されている。

裁判所から書面が届くのは誰にとってもストレスだろう。「裁判沙汰」という言葉が日本人の裁判に対する意識を端的に表現している。**「裁判なんて関わりたくない。仕事だけ**

させてくれ」というのが、100人の社長がいれば100人の意見だろう。しかし、なかなかそうはいかないのが社長業というものだ。労働事件に巻き込まれたある医師が「僕はただ目の前の患者さんだけのことを考えたいだけだ」と言っていたのが印象的だった。

金銭的解決が多い労働審判

裁判所から書面が届くといっても、内容は実にさまざまだ。「裁判所＝訴訟」というイメージが強いかもしれないが、必ずしも訴状ばかりが届くわけではない。

労働事件では、訴訟ではなく「**労働審判**」という手続が採用されることが多い。訴訟はどうしても緻密な認定を前提にするため、時間を要する。1年以上かかることだって珍しくない。時間がかかることは、会社にとっても社員にとってもいいことではない。そこで労働事件の早期解決を目指したものが「労働審判」というものだ。これは3回以内の期日で解決することを基本的な目標にしている。ここでの解決は、金銭的解決が多いだろう。

会社側の代理人としては、次のように事件の筋を読んでいる。社員が不当解雇を理由に訴訟を提起した場合、金銭的解決ではなく復職を強く求めている。労働審判の申立てをしてきた場合には、一定の金銭を支払うことで退職というカタチでの終了に応じる可能性がある。もちろん労働審判でも復職にこだわるケースもあるため、一概には言えないが見立ての参考にはなるだろう。

労働審判では、社長と社員の価値観がぶつかりあうことになる。社員としては、不当解雇で生活の糧を失うことになりかねないから、なんとしてでも復職したい。逆に社長としては、いったん解雇した社員が復職したら社長としての立場がない。この対立する価値観のバランスをいかにとるかが、会社側の弁護士の腕の見せどころになる。

中小企業は人間関係が緊密な場所である。緊密性が高いがゆえに、いったん人間関係がぎくしゃくすると、良好な関係を再構築するのは容易ではない。いったん壊れた人間関係が修復されてより円満な関係になったというのは美談ではあるが、現実的によくあることではない。「壊れたものは壊れたまま」というのがむしろ一般的だろう。仮に復職をしてもらっても、「お互いかつてのように自然な人間関係で」とはなかなかいかない。

自然を装おうとするほど、かえって不自然になるのが人間というものだ。そんな職場で誰しも働きたくないだろう。退職を前提に金銭的解決をすることは、社員にとっても意味があると考えている。法のタテマエと人のホンネは必ずしも一致するものではない。労働審判のなかでは、退職を前提に解決金を支払うことで話をまとめていくことが多い。

この解決金に相場といったものはない。解雇の理由や勤続年数などによっても異なってくる。なにより社員が納得しなければ退職にはならない。個人的な経験から言えば、だいたい1年分から2年分の賃金で折り合うことが多い。事件を受任する際には、そのくらいのコストがかかることを事前に説明するようにしている。

「指導」の証拠は書面で残すのがマスト！

実際の労働審判においては、会社として解雇に至るまでにどのような指導をしてきたのか質問を受けることがある。このとき、「口頭の指導だけです」では説得力がない。**「こういった指導書を提出するなりして、具体的に指導してきました」と伝えるためにも、指導書なりの書面は重要である。**指導などの実績があれば、解決金についても減額のための要素として指摘することもできる。

労働審判で話し合いがつけば、内容をまとめていくことになるが、会社都合の退職にした上で解決金を支払うことが多い。助成金をもらっている会社では、会社都合の退職にできない場合もあるので、会社都合の退職にできるのか確認しておく必要がある。

労働審判に至った経緯や解決金を受け取ったことなどを他の社員を含めた第三者に口外しないことも取り決める。最近では裁判の様子や結末をＳＮＳなどに掲載する社員もいるので、情報を開示しないことの取り決めははっきりさせておくべきだろう。

ケースによっては、社員として退職手続に協力することをわざわざ記載することもある。なかには解決金を受け取ったものの、健康保険証、取引先工場への入構許可証、あるいは貸与品の返還をしぶる人もいるからだ。

2

円満な退職をうまく勧める方法

～「社員の再出発を支援する」姿勢が必要～

一時の感情で退職勧奨してはならない

社長としては、解雇ができないとしても退職を勧めることはできる。事情を考慮して、ともに仕事をしていくことが難しいとなれば、退職を勧めていくことになる。この場合も、社員の生活の糧を失わせることになるのであるから、十分な配慮をしなければならない。ここでは退職勧奨をする場合の注意点について説明していこう。

あたりまえのことだが、退職勧奨をするのは指導などを尽くした後の話だ。一時の感情で退職を勧めるようなことがあってはならない。

退職勧奨のやり方を間違ってしまうと、違法なものになってしまう。執拗に退職を求めたり、威圧的な発言などをしたりすれば、違法との評価を受けることになる。最近では、社員がスマホで隠し撮りしていたものが証拠として提出されることがある。**退職勧奨に限ったことではないが、「発言は記録されている可能性がある」ということをいつも心がけるべきだ。**

違法な退職勧奨をしたとして、慰謝料の支払いを命じられる場合もある。具体的な行為や期間によっても異なるだろうが、50万円から100万円くらいで認容されるケースが多いだろう。手元の資料によると、事案によっては200万円を超えるようなものもあるようだ。

もめない退職勧奨のやり方

退職勧奨はあくまで社員との合意を目指したものである。一方的に社長の見解を伝えるものではない。ありがちなのは、社員の問題点を列挙して「……というわけで退職しないか」ともっていくものだ。こんなことをされたら、誰だって腹が立つし、納得がいかない。社長としての問題点をつらつらと列挙されて、辞任を要求されたらどう感じるだろうか。

それと同じだ。

交渉はいつも相手への傾聴からはじめるべきものである。社員がじっくり話せるだけの雰囲気を作ることがポイントになる。

社長としては、退職勧奨をするに至った経緯について説明していくことになる。このとき、問題点ばかりを指摘しても、社員の自尊心を傷つける。社長として評価していた点についても指摘しなければならない。**社長は、「退職したら終わり」ではなく、「社員の再出発を支援する」という心がけで退職勧奨をするべきだ。そもそも退職勧奨をせざるを得なくなったのは、社長の責任である。**

社員に対しては、退職に応じてもらうかわりに、退職金の積み上げなど経済的な支援もするべきだ。社員としては、いきなり生活の糧を失うことになるので、経済的な保障もままならない状況で「わかりました。退職します」とは言えないだろう。「新しい仕事が見つかるまでの生活を支援する」という意味も込めて、退職勧奨において経済的支援を提案するべきである。

これについては、賃金の３カ月から半年分でまとまるケースが多い。これも解雇と同じであるが、最終的には社員の希望との兼ね合いになってくる。「退職金とは別に３カ月分も支払うのだから満足だろう」ということにはならない。社長にそういった気持ちがあると、自然に態度に表れて見透かされてしまう。

形式上「解雇」にするのもNG

退職勧奨をしている中で、社員から「わかりました。退職します。ですが、失業保険の給付の関係で形式的には解雇にしてください」と言われることがある。安堵した社長は、「わかった。失業保険の関係で解雇がいいのならそうしよう」と安易に対応しがちだ。

しかし、これは危険な行為だ。この場合、社員から不当解雇として裁判がなされることがある。寝耳に水の社長としては、「あれは社員の申出で形式的に解雇にしただけ。退職で話がまとまったじゃないか」と言っても後の祭りだ。そういった合意がなされたという証拠が会社にはない。まさか「失業保険給付のために解雇にしよう」なんていう合意書を作っているわけがない。

裁判では、不当解雇を前提に話が進んでしまい、かなりの金銭を支払うことになる。実態に合わないことはしないことだ。失業保険は、会社都合の退職の場合でも直ちに支給される。解雇でなければ直ちに支給されないというものではない。
退職で話がついた場合には、合意内容を書面でまとめておくべきである。

3

限界がある、同業種への転職・独立の制限

~個人的な人脈は競業避止の対象外~

退職する社員の同業種への転職を制限できるか?

中小企業では、優秀な社員から退職していくものだ。優秀だからこそ、「新しい企業でがんばってみたい」「自分の采配でやってみたい」という気持ちになるのだろう。社長としては「優秀な社員が自社の取引先を奪うのではないか」と疑心暗鬼になる。疑心暗鬼ならまだよくて、いつのまにか「あいつは間違いなく裏切る」という確信に至る。「退職する社員が同じ仕事をできないようにできないか」という相談になる。

社長は、これまで投資をしながら取引先を一つひとつ開拓してきた。ときには不条理な取引先の言い分に頭を下げてきたこともあるだろう。時間をかけて築いてきた取引先を社

員に持っていかれるのは当然納得できない。

しかしながら、社員には職業選択の自由がある。どこでどんな仕事をしてもいいはずだ。社長にしても、どこかでノウハウを得てから起業したのだから、似たようなものかもしれない。「オレはあんな不義理は働いていない」と言う社長もいるが、あくまで個人的な見解だ。社長だって周囲から「あんな不義理を働いて」と言われていることもある。

会社の利益を守りたい社長と、自分の力を試してみたい社員。この両者のバランスをどのように実現するべきかがポイントである。

取引先を持っていかれないようにするには

社長の中には、「社員が取引先を連れてライバル会社に就職した。許せないから損害賠償を請求してくれ」と怒りの表情で相談に来られる人もいる。企業の秘密を持ち出した場合には、不正競争防止法などを根拠に損害賠償を請求できるとされている。でも、中小企業では、それほど簡単なことではない。

中小企業の売上は、往々にして商品やサービスではなく「人」につく。「この社長が好きだから」あるいは「この営業担当者が好きだから」という理由で取引するところが少なくないだろう。人は「正しいか正しくないか」で商品を選ばない。「好きか嫌いか」で決める。社員の引き抜きにおいても同じことだ。取引先は「その営業担当者が好き」だからこそ、商品を購入してきたのだ。いっしょに検討したりゴルフをしたりしてきたことで「個」と「個」の信用が成熟して、売上を生み出してきたと言える。

取引先としては、営業担当者が変われば新しい会社から購入するのはある意味ではあたりまえのことだ。従前の会社で購入し続けなければならない法的根拠など、特段の取り決めがない限りない。従前の会社から買うのも、新しい会社から買うのも、基本的に取引先の自由である。営業担当者の移動は、取引の相手を変える動機のひとつでしかない。「どこから買うのかを選んだのは取引先の自由でしょ。個人的なつきあいまで退職と同時にやめろと言うのですか」と反論されて終了となってしまう。

さらに言えば、社員の行動によって発生した損害もはっきりしないところがある。なにをもって会社の損害とするかだ。単に取引先が減って売上が減少したというだけでは、損害とは言えない。商売をしていれば、売上が上下することは当然ありうることだ。その売上減少が、社員の行動によって生じたことを主張し、かつ立証しなければならないが、現実には簡単なことではない。

こういう事態になったのは、**特定の担当者だけが取引先と密な関係を作るような体制を社長が作ったからだ。**ある社員が退職しても他の社員がすぐに取引先をフォローできるようにしていれば、取引先が減っていくことを最小限に留めることができたはずだ。

個人的人脈は、競業避止の対象にならない

そうは言っても仕方ないので、現実的な対策について考えていこう。

まず就業規則において退職後の競業避止義務が明示されているかを確認する。競業避止義務とは、会社の情報をライバル会社へ提供したり自ら利用したりしてはならないというものだ。この規定すらなければ、社員に何かを指摘するのはなかなか難しい。ここで気をつけてほしいのは、「事業に関わる情報ならなんでもかんでも保護の対象になるわけではない」ということだ。さきほどのように、**個人的な人脈といったものは保護の対象にならない。**

こういった就業規則が用意してあることを前提に、退職時に退職後の競業避止義務があ

ることを説明することになる。その旨の誓約書を提出してもらうこともある。

かつてある食品加工会社の社長が「今後一切、当社と同業の仕事に就かない」という合意書を作成しようとしていた。しかし、これはあまりにも社員の職業選択の自由を制限するものだから効力はないだろう。競業避止義務があるとしても、無制限に負わせるわけにはいかない。せめて期間と場所を制限しなければならない。たとえば、1年間にわたり本支店のある市町村において競業する会社に勤務しないといった具合だ。

個人的には、期限として1年間、場所としては本支店のある市町村といったものが中小企業における競業避止義務の最大限と考えている。実際には、こういった制限をしても社員の職業選択の自由を制限するものとして、合意の効力が否定されることもあるだろう。

「独立したい」と言ってきたら、応援する

このように、退職後に社員を法的に拘束することは難しい。そもそも社長としては、挑戦しようとする社員を応援するのがあるべき姿と言える。そこで、社長と社員の双方にとってメリットのあるやり方を参考までにお伝えしよう。

とある食品加工会社を経営している社長から相談を受けたことがある。この会社は、売上数億円だったが、インターネットでの販売に成功して売上増が続いていた。社長はネット業務を社員のAに任せていた。最初のころは費用ばかり出ていったが、今ではネット販売がメインになりつつあった。

社長が「やっとネット販売も軌道に乗ってきた」と感じはじめたころ、Aから「自分で起業したい」という申出があったというわけだ。何度も引き留めたが、Aの意思は固い。社長は「自社のネット販売のノウハウが洩れるのではないか」と危惧していた。なんとかならないものかと相談に来られたというわけだ。

私は「むしろ応援してあげたらいい」とアドバイスした。予想外の弁護士の回答に社長は唖然《あぜん》としていた。

Aにいくらネット販売のノウハウがあるとしても、独立直後から仕事があるとは考えられない。そこで会社は、独立したAに対して同社のサイト管理について外注することにした。契約では「契約期間中は同業他社の仕事は受けない」という取り決めもした。Aにとっては、起業してすぐに安定収入を得ることができるというメリットがある。スタートアップの段階でキャッシュが安定して入るというのは魅力的だ。

会社にとっても、固定費である人件費を外注費という変動費に変えることができるというメリットがある。Aは、独立を応援してくれた社長に対して感謝した。双方にとっていい解決方法だった。いまでも良好な関係が続いている。

ちょっとした発想の転換である。

第7章

辞めた社員から内容証明が届いたら

本書の姿勢は一貫している。「社員とのトラブルは、話し合いで解決するべき」というものだ。労働事件の少ない会社というのは、実際のところ、話し合いによる解決がうまく、問題が顕在化していない会社でもある。その意味では、労働事件において社長の交渉力の占める割合は少なくない。

ここでいう社長の交渉力とは、理路整然と話をして社員を言い負かすことではない。そんなことをしたら、かえって問題を拡大させることになってしまう。そもそも交渉とは、問題を解決するために実施するものだ。**交渉力とは、問題解決のために協力してひとつの合意を形成する力に他ならない。**相手の顔をつぶすような交渉スタイルでは、いつまでたっても問題解決の合意に至ることはないだろう。

社長としては、自分の交渉スタイルを日頃から磨いておくべきだ。世の中にはいろんな交渉術の本やセミナーがある。学ぶことも大事ではあるが、実践しなければ現場で使える力にはならない。「学」とは知識を得ること。「習」とは繰り返し実践して身につけること。いくら知識を得ても、実践しなければ学習にはならない。

社長のなかには、「費用を出すから、社員との交渉は弁護士にお願いしたい」という人もいる。でも、個人的には社員との話し合いで、いきなり弁護士に交渉を丸投げするという姿勢はあまり感心しない。弁護士は交渉のプロであるから、そつなく交渉してくれるかもしれない。でも、社員からすれば、どのように感じるだろうか。「こちらの言い分も聞いてもらえず、いきなり弁護士対応ですか。それなら僕も弁護士に依頼します」ということになる。

弁護士の自分が言うのも変な話だが、弁護士が前面に出ることが必ずしもいいとは限らない。**弁護士は、本来的に黒子であるべきだ。**だからこそ、社長の交渉力が問われる。本章では、交渉における基本的な注意点について説明してみよう。

すべての事案が話し合いで解決すればいいのだが、実際にはうまくいかない場合もある。交渉がうまくいかない理由としては、①事実に対する認識が違う、②事実に対する評価が違う、③交渉の態度に問題がある、といったものが挙げられる。

ある事実があったのかなかったのかで双方の見解が大きく違う場合や、交渉の態度に問題があるとされる場合には、交渉による解決はなかなか難しいかもしれない。事実に対する評価について争いがある場合には、ある程度時間をかければ合意に至ることもある。

交渉が決裂すれば、訴訟あるいは労働審判といった手続に移行していくことになる。一般的には社員の側からアクションを起こしてくるので、会社もディフェンス側として対応することになる。中小企業の社長が関わることが多い手続などの概略をみてみよう。

社員のなかには、根拠のない要求を執拗に求めてくる人もいる。時間に関係なく電話をかけて面談を求めてきて、業務に支障が出かねない場合もある。これが社員ならまだしも、社員自身からではなく、社員の家族からなされることもある。社長としては「いっそ裁判ではっきりしてもらったほうがいい」と思うのだが、訴えもしてこない。いつまでも同じことを求めてくるばかり。

しかし、安易に不当な要求に応じてしまうと、悪しき前例を作ることになりかねない。ここまで至らずとも、「交渉しようにも社員が感情的になって冷静に話ができない」という場合もあれば、一方的に要求を書面で突きつけるだけで、会社からの照会にはなんら応じないという場合もある。

こういった場合には、会社から社員を相手に裁判を起こすこともある。「そんなことできるのですか」と驚かれる社長もいる。あくまでも交渉などがうまくいかない場合の最終的な手段であるが、参考までに最後に説明しておこう。

1

交渉の進め方は、シンプルに考える

～着地点をあらかじめ想定して、優先順位を決めておく～

交渉術はシンプルであるべき

実用的な物のデザインは、シンプルゆえに美しい。シンプルとは、余計なものがないことだ。あれもこれもと欲を張るほどに使い勝手が悪くなってしまう。これは交渉においても同じことだ。いろんな交渉術を習得したとしても、複雑なものだと実際には利用できないし、むしろ失敗の要因になる。「策士、策に溺れる」ということだ。

弁護士になりたてのころ、交渉のスキルを上げたくて、さまざまな交渉術の本を読んで、自分なりに身につけたつもりだった。「さぁ、ここでご披露しよう」と意気揚々と交渉をするのだか、さっぱりうまくいかなかった。相手と同じ表現をする、相手と同じ行動をしてみる、などやってみたのだが、ほとんど効果を感じられなかった。むしろ、「私はなんのために呼ばれたのですか」と相手に叱責されたこともある。今思い出してもなんとも恥ずかしいことばかりで、よく弁護士をやってこられたなと感じるときもある。

交渉の3つのポイント

失敗を通じて学んだことは、交渉術を披露する前段階ですでに失敗していたということだ。交渉には要諦といったものがある。これが決まっていなかったから空振りしていた。読者が同じような失敗をしないように、私が自分なりに学んだことを披露しよう。ポイントは、たった3つしかない。

① 着地点を設定する

弁護士の仕事は、紛争について着地点を見つけることだと考えている。着地点が定まらないまま事件を受けてしまうと、濁流に流されてしまい、問題がいつまでも終了しないばかりか、かえって大きくなることもある。

これは交渉でも同じことだ。**交渉の着地点と着地点までのプロセスをざっくりでもいいから交渉をはじめる前に決めておかなければならない。**「そうはいっても、相手のあることだから予定通りにいかないだろう」という意見もあるだろう。ごもっともなことで、予想通りにいくことのほうがむしろ珍しい。でも、着地点を決めておかなければ、自分の交渉が予想から外れているかどうかもわからなくなる。

予想からずれていれば、ずれた理由を検討して修正していくことが可能だ。修正が難しいなら、着地点の変更も含めた再検討を要するだろう。着地点を決めないまま走り出して、気がつけば相手が交渉の主導権を握ってしまうことだけは避けなければならない。

着地点を決めるときは、社長として希望することをまず書き出してみるといい。ポイントは、頭で考えるのではなく、実際に書き出すことだ。書き出すことではじめて自分の希望が「見える化」できる。その上で希望内容について優先順位をつけていく。

交渉のうまい人は、何から手放すべきかがはっきりしている。交渉の苦手な人は「あれもこれも」といって手放すことを知らないから話がまとまらない。優先順位をつけることで、なにから手放すべきかを自分なりに整理することができる。順位が整理できれば、おのずと着地点も見えてくるだろう。

着地点を決めるときには、「これで正しいのか」と悩む必要はない。とりあえず決めてしまうことがなにより大事だ。いくら正確な着地点を想定しても、相手のあることだから予想通りの結果に至ることは通常考えられない。最後は「えいや」で決めるくらいがちょうどいい。

着地点に関しては、交渉をあきらめる潮時も事前に決めておくことである。社長は、結果をあせるばかりに相手を納得させようとずるずると交渉を続けてしまいがちだ。たいていの場合、あせるほど泥沼にはまってうまくいかない。**「ここまでやってまとまらないなら、深追いはしない」**というポイントを事前に設定しておくといい。

たとえば「話し合いの場を3回もって進展しない場合には、とりあえず今回の交渉はあきらめる」といった自分の中での取り決めだ。

② 提案は相手にしてもらう

交渉が進んでくると、具体的な合意内容について検討することになる。経済的な解決をするのであれば、会社としていくら支払うべきかという問題になる。交渉をスムーズに進めるためには、叩き台となる数字が必要となる。叩き台が決まれば、それを基礎にして修正しながら妥当な金額を模索していくことができる。

問題は、叩き台となる金額を社長と社員のいずれがはじめに提示するかということだ。**原則としては、社員から提案してもらうのがいい。**これは「できるだけ社員の意向を聞く」という配慮とともに、交渉の上限を決定するためだ。社員からいったん提案がなされれば、それがひとつの上限ということになる。上限が決まるというのは、交渉を円滑に進める上で大事なことだ。お互い腹を読み合って具体的な提案をしないと、交渉がいつまでも空中戦になる。会社にとってかなりの負担になる提案であっても、いったん提案されれば地に足のついた話になる。あとはこちらの見解を述べながら、相手の要求レベルを少しずつ下げていき、相当な妥結点を見出していくことになる。

中には一切提案に応じない人もいる。そういうときには会社から提案するほかない。いつまでも双方が提案せずに膠着状態では、解決に向かって話が進まない。こちらから提案する場合には、将来の交渉を見越して、低めの金額から提案する。自分で想定している金額の８割くらいからはじめてみるといいだろう。そして、「早期の解決のための提案であって、交渉の経過によっては変更や撤回の可能性もある」ということを付け加えておこう。そうしないと、こちらが交渉の下限を提示したことになる。

③ できるだけ書面で伝える

交渉というと、机を挟んで対峙しながら口頭で意見を言い合うというイメージがあるかもしれない。でも交渉に慣れていない人が口頭で臨機応変に対応していくことは簡単なことではない。社長がその場で結論を求められても困るだろう。口頭による交渉だと、感情的になって不適切な発言をしてしまう危険もある。あとから「言った、言わない」でもめることだって当然ある。

したがって、交渉は、できるだけ口頭でのやりとりを排除して書面によるやりとりにするべきだ。書面でやりとりをすれば、交渉の経緯を可視化することができるため、「言った、言わない」という不毛な議論を回避することができる。

民事訴訟といえば、弁護士同士が法廷で侃々諤々《かんかんがくがく》やりあっているシーンをイメージするかもしれない。しかし、実際は単に書面のやりとりをするだけなのが大半だ。

実際に訴訟をしたことがある人ならわかるだろうが、裁判期日といっても通常は10分から15分といったところである。双方の書面の内容を確認して、次回の期日を決めたら終了というのがむしろ一般的だ。依頼者からすれば、あっというまに期日が終了して、なにがあったのかよくわからないかもしれない。

このように訴訟でさえ書面が中心となる。交渉においても書面を中心にするべきだろう。書面においては、こちらの要求や相手の主張についての反論を整理して記載することになる。恩師から「同じ内容の文章でも5種類くらいのトーンの違った書面を書けないとプロではない」と指導を受けたことがある。それくらい内容もさることながら、「書き方」というものは大切だ。ちょっとした表現が相手の感情を逆なですることもあるから気をつけてほしい。

書面のやりとりのなかでは、現時点で合意できた点についても確認のため記載しておくようにするといい。交渉が迷走するのは、なにが合意できてこれからなにを合意するべきかが曖昧なまま話を進めるからだ。せっかく合意できたものも「そんなこと決まっていない」と振り出しに戻ることもある。そういうことにならないためにも、合意できた内容について記録しておくとよい。イメージとしては、議事録を作成しておくようなものだ。

2

信頼できる弁護士の探し方と決め方

~まずは会ってみて、価値観や解決のスタイルを確認する~

発送元によって異なる書類の効果

社員との話し合いがつかなければ、社長のもとに書類が届く。この書類の内容によって社長としての対応が異なってくる。届くものとしては、裁判所からの訴状・労働審判申立書、労働局からのあっせん通知書、ユニオンからの団体交渉申入書などが代表的だろう。それぞれの手続のポイントについて解説していこう。

① 裁判所から届くもの

裁判所から届くものとしては、訴状と労働審判申立書が代表的だろう。裁判所から書面が届くだけで社長として憂鬱《ゆううつ》な気持ちになるだろう。

訴状とは、訴訟におけるスタートを意味する書面だ。一般的に裁判といえば訴訟をイメージする人が多いだろう。訴訟では、当事者は原告・被告と表記される。通常は社員が原告、会社が被告ということになる。

訴訟では、双方が主張を述べて証拠を提出していくことになる。緻密な事実の確認を前提にするために1年以上かかる場合も少なくない。訴訟は、基本的に1カ月に1期日のペースで進行するため、どうしても時間がかかる。判決の内容に不服があれば控訴することになり、さらに時間がかかる。

訴訟の特徴を一言で表現すれば、当事者で和解できなければ裁判所が判決というカタチで判断を下すところにある。「終わりを告げる」ということだ。もっとも訴訟であっても、途中で話し合いによる解決を打診されるのが一般的だ。実際には訴訟といえども、判決にならず和解で終了することが多い。

社員としては、「解決までに時間をかけたくない」というニーズもある。そこで生み出されたものが先ほど紹介した労働審判制度である。社員と会社のトラブルについて3回以内の期日で決着を目指すという制度だ。この制度は短期間で事件を解決できるので、会社にとってもメリットが大きい。私としては、できるだけ労働審判の中で解決するようにしている。じっくりやるよりも、**「スピード解決こそ中小企業の社長のニーズ」**と考えているからだ。

労働審判では、「労働審判官」である裁判官だけでなく、「労働審判員」と呼ばれる使用者側委員と労働者側委員も加わることが特徴的だ。ひとつの事件を多面的にとらえるために、このような仕組みになっている。

労働審判では、訴訟のような緻密な判断よりもスピード感をもった解決が期待されている。そのため、当事者の話を聞いて金銭的な解決を含めた柔軟な解決案が提示されやすい。社長としては、争いにこだわるよりも提示された解決案をできるだけ受け入れる方向で検討するべきと考える。

② 労働局から届くもの

労働局から届くものとしては、あっせん開始通知書がある。労働局と労働基準監督署は、言葉は似ているが担当する内容は違う。イメージとしては、労働基準監督署の役割は、会社として労働基準法違反などがないかチェックするもの。これに対して、**労働局の役割は、**

会社と社員のトラブルを調整するものとすればわかりやすいだろう。

労働局のあっせんとは、正確には紛争調整委員会によるあっせんと言われるものだ。専門家が入って主張を整理して話し合いによる解決を促進してくれる。裁判に比べて手続が簡単なので、社員が弁護士をつけずに自分で申し立てることが一般的だろう。

あっせんはあくまであっせんにすぎない。当事者間で話し合いがつかない場合には、解決にはならない。その場合には訴訟など他の手続を選択していくことになる。

ときに「あっせんには応じられない」と頭ごなしに否定する社長もいるが、感心しない。あっせんにはあっせんのメリットもある。訴訟や労働審判に比べて早く解決しやすいし、解決金の相場にしても、訴訟や労働審判に比べて低額な場合が多い印象だ。個人的にはもっと積極的に活用されるべきと考えている。

③ユニオンから届くもの

ユニオンとは「合同労組」と言われるもので、会社の枠を超えて加入することができる労働組合のことだ。自社に労働組合がなくても、社員はユニオンに加入することができる。社長との話し合いがつかず、ユニオンに加入の上、団体交渉を申し込まれることがある。

労働組合に加入することや団体交渉を求めることは、社員に認められた権利だ。団体交渉を求められた場合には、社長として真摯に対応しなければならない。「団体交渉には応じない」などと一蹴してはいけない。それこそ法的に問題になる。

団体交渉を経験したことのない人からすれば、具体的な様子がイメージできないかもしれない。団体交渉は決して組合の要求をありのまま受け入れることを前提にしたものではない。**団体交渉といえども「交渉」なのだから、話し合いであることに変わりはない。応じられるところは認め、応じられないところは断る。これによって合意点を見出していくことになる。**

団体交渉については、議事録代わりにICレコーダーで録音しておくといい。隠れて録音するのではなく、「議事録代わりに録音させてください。必要であればコピーを提供しますので」と伝えた上で録音を開始する。こうすれば、当事者双方が不適切な発言をすることを防止することができる。仮に不適切な発言がなされれば、その場で撤回あるいは謝罪を求めることになる。

もっとも、私のこれまでの経験上、団体交渉で不適切な発言を受けたことはない。認識の相違で議論になったことはあるが、交渉であれば当然のことだろう。

私は、会社からの依頼で団体交渉に同席する。そのとき心がけているのは、いかに相手を論破するかではなく、いかに合意点を見つけ出すかだ。ユニオンにしても、「問題を解決したい」という点では社長と同じスタンスだ。

団体交渉を経て話し合いがつけば、協定書なり合意内容を整理した書面を作成することになる。会社として解決金を支払うときには、ユニオンの指定した口座に振り込むことが多い。

自分の価値観に合わない弁護士には依頼しない

ここに記載したのはあくまで代表的なものだ。いずれにしても、書面が届いたら早めに弁護士に相談するべきだ。弁護士としては、途中から関与するよりも最初から関与しておくほうが事件を理解しやすい。

弁護士の選び方はそれほど簡単ではない。ネットで検索すればたくさんの法律事務所が表示されるが、「選ぶ」となると判断基準がよくわからないだろう。弁護士の技量と関係なく、「ホームページのデザインで決める」ということになってしまうかもしれない。

弁護士を決めるときには「会ってみる」のが大事だ。同じ事件を対応するにしても、弁護士によってアプローチの仕方はまったく異なる。私の場合、なによりもスピード解決を重視している。社長にとって少々負担になっても、「早く解決することが誰にとってもいいことだ」と考えているからだ。

もっともこういうスタイルに賛同しない社長もきっといるだろう。そういう方は、ご自分の価値観に合った他の弁護士に依頼なさるべきだ。「そのやり方はどうだろう」と疑念を抱きながら弁護士に依頼することはやめたほうがいい。うまくいかなかったときに苛立ちだけが残ってしまう。話を聞いて、「この弁護士を信じてみよう」と言える人に依頼するべきだ。

3

労働事件の解決方法は、ひとつだけではない

～交渉が成立しない相手は逆に裁判所に提訴する～

執拗な相手には会社側から法的措置に訴える

社員の中には、根拠のない要求を執拗に求めてくる人もいる。社長が「根拠のないことには応じられない」と断っても、まったくひるまない。「自分が正しい。周囲が間違っている」と考えている人は、否定されるほどに自説の正しさを確信する。

こういったケースでは、もはや冷静な話し合いなど期待できない。社長としては「そこまで言うなら裁判でもしてはっきりさせましょう」と言いたくもなる。こういうタイプの人は、自分の意見が否定されるリスクがあるため、あえて裁判で白黒させることを嫌悪する傾向がある。何度も「説明しろ」の繰り返しだ。社長としては何度も説明しているのだ

が、まったく理解してもらえない。

説明責任とは、あくまで説明する責任である。相手が納得するまで説明を続ける責任ではない。納得する気がない人にいくら説明しても納得してもらえない。いつまでも終わりのない説明責任を求められる羽目になる。終わりがあるとすれば、相手の要求に応じるときだ。執拗な電話や面談要求は、社員のみならず社員の家族からなされるときもある。

これでは冷静な話し合いなどできるはずがない。社長としてもいつまでも対応できないだろう。こういうときには、会社側が裁判手続を利用することもある。裁判所ではっきりさせるということだ。

会社から労働審判を申し立てたケース

B社は、従業員30名くらいの製造業である。Aは20代前半で入社して1年半が経過していた。Aは遅刻したり勤務中にスマホのゲームをするなど、なにかと勤務態度に問題があった。何度も注意していたが、具体的な改善には至らなかった。Aは周囲の社員との折り合いが悪く、上司が指導すると、すぐに反抗的な態度を示していた。見かねた社長は、

Ａの態度に対して少し厳しく指摘した。するとＡは「おもしろくないから」と言ってそのまま退職した。

Ａが退職してしばらくすると、社長の携帯にＡの親から電話があった。内容としては「パワハラによる慰謝料として３００万円を支払え」というものだった。言い分の根拠は「娘がそう言っている。娘が嘘を言うはずがない」だった。社長は「根拠がないから支払えない」と断った。すると、繰り返し社長の携帯電話に親が電話するようになった。夫婦で突然会社に来て、面談を求めることもあった。

夫婦は「こちらは被害者だ。応じないなら労基署に申入れに行く」とのことだった。いくら話し合いをしても平行線のままである。「安易に応じてしまうと悪例を作ってしまう」と社長はもちこたえていたが、さすがに限界だった。そこで私のところに相談に来られた。

事実を確認したが、Ａの主張するようなパワハラは見受けられなかった。その旨を伝えても、Ａの両親はまったく意に介さず、要求はとまらなかった。

そこで会社は、裁判所の判断を仰ぐことにした。そうしないとＡの両親の要求は終了しないからだ。具体的には、会社がＡを相手どって労働審判を申し立てた。

労働審判は社員が申し立てることが一般的だが、会社から申し立てることもできる。Ａ

の側は、驚いたのかもしれない。これまでの態度を急に変えて対応するようになった。会社としては、労働審判における解決を検討したが、早期解決を選択して第1回の期日前に話し合いで終えた。社長からは「会社側から裁判をはじめるというやり方があるのですね。こんなに早く解決するとは」と驚かれた。

交渉には「流れ」というものがある。いったん流れができてしまうと、自力で変えるのはなかなか難しい。このケースも、社長が明らかに相手に呑み込まれていたので、流れを変えるために労働審判を選択することにした。

交渉には暗黙のルールがあって、双方が同等であることを前提にしている。一方的に主張を述べるだけでは交渉にはならない。根拠のない要求などをしてくるときには、会社から裁判手続を利用するのもひとつの手だ。

解決するための手段はひとつだけではない

労働審判以外にも、会社が社員を相手に訴訟を起こすことはある。たとえば債務不存在確認訴訟。「会社が社員に対して損害賠償を支払う義務がないことの確認を求める」という内容の裁判になる。

他にも柔軟な話し合いを希望する場合には、民事調停を申し立てることもある。民事調停は「裁判所における話し合いの場」とイメージしてもらえればいい。民事調停は、あくまで話し合いを前提とするため、「当事者双方が納得しないと解決しない」という限界はある。それでも当事者が冷静になって話をすることができるので、トラブル解決のひとつの手段として有効だ。もっと積極的に活用されるべきものと個人的には考えている。

このように問題を解決するといっても、いろいろな方法がある。体系立てられた解決手段の中からケースに応じてなにを選択するべきか。そこに弁護士としての知識と経験が求められる。

問題というのは、意識を向けるほどに視界が狭くなってしまう。しだいに目の前の木ばかりを見てしまい、森を見ることを忘れてしまう。しんどいときこそ一呼吸置いて、広い視野で眺めてほしい。解決方法はきっとある。

そして視線をさらに遠くに向ければ、彼方に輝ける自社の繁栄が見えてくるはずだ。

おわりに

本書を読んでいただき、いかがだっただろうか。

本書を書くことにした動機は、社員とのトラブルで悩む社長をひとりでも少なくしたいというものだ。「こういうことはうちでもあるな。なんとかしないと」と前向きに感じていただければ、著者としてこれに勝る喜びはない。

「なぜ社長は経営をするのか」と考えることがある。社長業とは、周囲からの見栄えのよさとは異なって、とかく苦労が絶えない。平穏無事な暮らしであれば、別に社長という立場でなくても手に入れることはできるだろう。それでも「社長」という立場にこだわるのは、やはり自分の采配で事業を展開していくことの楽しさを知ってしまったからであろう。私はそんな業深き社長の生き方が好きだ。好きだからこそ、「なんとかしたい」と日々悩みながら問題解決の一手を考えている。

誰しもひとりでできることにはおのずと限界がある。だから社長は、誰かを採用して組織として事業を展開することになる。そして、誰かひとりでも採用すれば、その瞬間から労働事件発生の可能性が生まれることになる。人を採用するということは、事業発展の可能性とリスクを同時に手に入れることである。リスクにばかり目を奪われてしまうと、せっかくの発展の機会を失うことになる。リスクを抑えつつ将来の発展のために人を採用することが社長としてあるべき姿である。

本書を一通り読んでいただければ、人について想定されるリスクの具体的なイメージができるはずだ。あとは本書で学ばれたことを社長がひとつでも実行に移すことができるかどうかにかかっている。いくら知識を得たとしても、実行しなければ社長を取り巻く現実はなにひとつ変わることはない。社長としての力量の違いは、学んだことを実行できるかどうかにある。なにかひとつでもいいので、本書で学ばれたことをぜひ実行していただきたい。

中小企業とは、まさに社長そのものである。理想の会社を作るためには、いかなることがあっても社長自身が前面に立ち、そして将来に向けて飛躍する確固たる組織を社長自身の手で作り上げていただきたい。

私にとっては、本書がはじめて本格的に執筆した書籍になる。プレジデント社の桂木栄一様、田所陽一様、八尾研司様にはわからないことをまさにゼロから教えていただいた。

またこういった本を書くことができたのは、島田法律事務所のクライアントの方々、事務所スタッフや家族の支援あってのことだ。本当に感謝の気持ちしかない。

最後になったが、みなさまの素直なご意見こそ事務所のサービスを磨いていく原動力になる。本書をお読みになってのご意見・ご感想をお寄せいただければ幸いである。

島田直行

［著者紹介］

島田直行（しまだ・なおゆき）

島田法律事務所代表弁護士

山口県下関市生まれ。京都大学法学部卒。山口県弁護士会所属。

「中小企業の社長を360度サポートする」をテーマに、社長にフォーカスした“社長法務”を提唱する異色の弁護士。会社の問題と社長個人の問題をトータルに扱い、弁護士の枠にとらわれることなく、全体としてバランスのとれた解決策を提示することを旨とする。基本姿勢は訴訟に頼らないソフトな解決であり、交渉によるスピード解決を目指す。顧問先は、サービス業から医療法人に至るまで幅広い業界・業種に対応している。

最近は、労働問題、クレーム対応、事業承継（相続を含む）をメインに社長に対するサービスを提供。クライアントからは「社長の孤独な悩みをわかってくれる弁護士」として絶大な信頼を得ている。

とくに労働問題は、法律論をかかげるだけではなく、相手の心情にも配慮した解決策を提示することで、数々の難局を打破してきた。そのような実績から、経営者あるいは社会保険労務士を対象にしたセミナーで、「社長目線での解決策」を解説することが多い。これまで経営者側として対応してきた労働事件は、残業代請求から団体交渉まで、200件を超える。

『プレジデントオンライン』にて「トラブル火消しの参謀」を好評連載中。

社長、辞めた社員から内容証明が届いています
「条文ゼロ」でわかる労働問題解決法

2018年10月17日　第1刷発行
2021年 4 月20日　第3刷発行

著　者　島田直行
発行者　長坂嘉昭
発行所　株式会社プレジデント社
〒102-8641　東京都千代田区平河町 2-16-1
平河町森タワー 13階
https://www.president.co.jp/
電話：編集 (03)3237-3732
販売 (03)3237-3731

装　丁　竹内雄二
編　集　桂木栄一　田所陽一
制　作　関 結香
販　売　高橋 徹　川井田美景　森田 巌　末吉秀樹
印刷・製本　凸版印刷株式会社

ISBN978-4-8334-2300-7
Printed in Japan